W0284835

Pauline Dubuche

Le journal bonjour mon corps

F1RST
ÉDITIONS

© Éditions First, un département d'Édi8, Paris, 2022.

Le Code de la propriété intellectuelle interdit les copies ou les reproductions destinées à une utilisation collective. Toute représentation ou reproduction intégrale ou partielle faite par quelque procédé que ce soit, sans le consentement de l'auteur ou de ses ayants cause, est illicite et constitue une contrefaçon sanctionnée par les articles L. 335-2 et suivants du Code de la propriété intellectuelle.

ISBN : 978-2-412-07897-6
Dépôt légal : avril 2022
Imprimé en Espagne

Direction : Marie-Anne Jost-Kotik
Responsable éditoriale : Aline Sibony
Édition : Lisa Marie
Correction : La Machine à mots
Mise en pages : Cipanga

Éditions First, un département d'Édi8
92, avenue de France
75013 Paris – France
Tél. : 01 44 16 09 00
Fax : 01 44 16 09 01
firstinfo@efirst.com
www.editionsfirst.fr

Si vous retrouvez ce carnet, merci de le retourner à :

....

....

À contacter *via* :

....

....

Acceptation
Bienveillance
Valorisation

Pauline

Créatrice de Bonjourmoncorps

J'ai toujours eu un rapport compliqué avec mon corps. Les gens qui me connaissent vraiment ont appris à détecter les signes : les regards incessants dans les vitrines pour vérifier la largeur de mes cuisses, la façon dont je me touchais les bras ou les cuisses après un repas en pensant avoir déjà triplé de volume. C'était omniprésent.

Beaucoup de fois, j'ai essayé de me reprendre en main, en passant par l'alimentation, le sport ou même en arrêtant pratiquement de manger. Mais j'ai aussi essayé de relativiser, de me dire que des milliers de personnes mouraient de faim dans le monde alors que, de mon côté, je me plaignais pour quelques kilos en trop ; j'essayais de me dire que la vie était trop courte et que, sur mon lit de mort, ce ne serait sûrement pas la chose à laquelle j'allais penser, à part pour émettre des regrets…

Mais voilà, peu importe, ça restait toujours là. Comme une petite voix qui t'empêche de croire toutes ces choses. Comme une sensation qui te fait ressentir que, bien sûr, c'est important et que c'est même vital !

J'ai souffert de troubles alimentaires pendant une dizaine d'années, et, il y a presque cinq ans, j'ai décidé de dire stop. Un déclic très violent où j'ai été obligée de me retrouver face à une vérité criante : *non, mon poids et mon corps n'étaient pas le problème*. (Je vous raconte d'ailleurs en détail mon histoire dans mon podcast Bonjourmoncorps.)

Ce que je veux vous faire comprendre, c'est tout simplement que je sais ce que c'est. Je sais ce que l'on peut ressentir quand finalement les gens autour de nous ne comprennent pas. Et je me permettrais aussi de vous dire que : oui, c'est important. Oui, il y a plus grave, mais, pour l'instant, ce sujet est important pour vous. Au lieu d'essayer de simplement le balayer d'un revers de la main, je vous conseille de prendre le temps de l'observer. Aucun changement ne peut être durable si vous n'êtes pas accompagnée et si vous ne prenez pas le temps de vous connaître réellement. Apprenez à vivre tout court, plutôt qu'à vivre avec.

J'ai créé Bonjourmoncorps en septembre 2019, une façon pour moi de délivrer ce que j'ai pu apprendre, d'aider d'autres femmes et, pour être honnête, de continuer à m'aider également... Sur les réseaux, je recevais énormément de messages de femmes dans ma situation, des femmes qui me demandaient souvent si j'avais une méthode, des conseils ou même une stratégie... Des choses difficiles à transmettre *via* une *story* ou un *post* Instagram. Alors, pendant un an, j'ai travaillé sur ce carnet, comme pour retracer le parcours que j'ai pu faire pour accepter mon corps, pour m'accepter enfin. Une manière pour moi de vous offrir ce que j'aurais aimé découvrir il y a cinq ans lorsque je cherchais des réponses à mon mal-être.

J'ai conçu ce programme sous forme de carnet, car j'avais envie de vous imaginer en créant un moment rien que pour vous, le soir, dans votre lit, avec un bon thé et une bougie. Un moment d'une douceur incroyable qui pourrait vous offrir une bulle de sérénité avant de dormir. Écrire peut être une très belle forme d'introspection, et c'est ce que je vous souhaite de découvrir ici.

Pauline

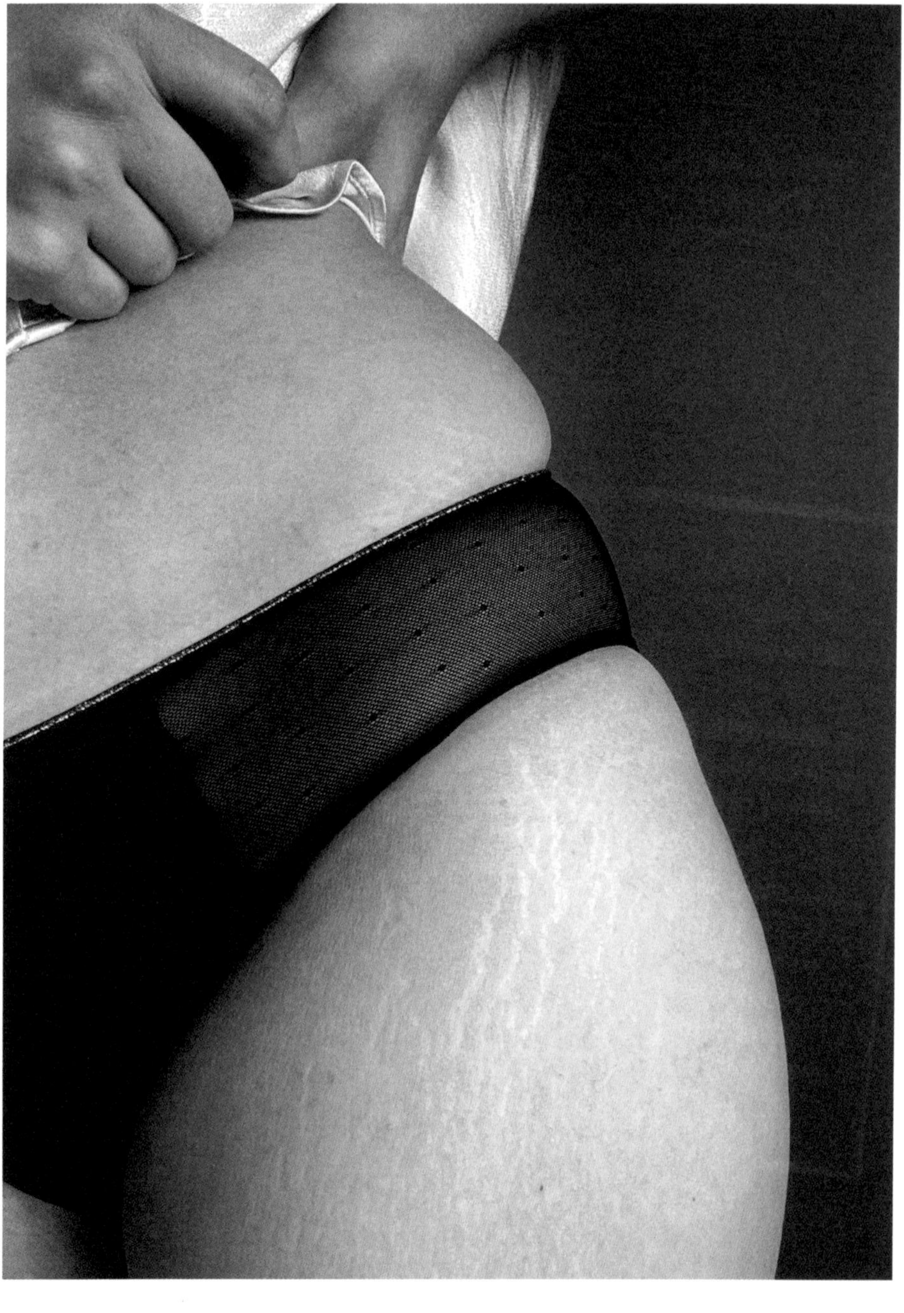

Présentation

En créant Bonjourmoncorps, j'ai voulu montrer que le seul corps idéal est finalement le nôtre. Que chaque femme dispose d'une chance infinie qui est celle d'être unique. On y parle de bienveillance, d'auto-valorisation, mais surtout d'acceptation.

Le programme BMC a été créé justement pour vous permettre de réaliser ce voyage qu'est l'acceptation. C'est aller encore plus loin, en vous proposant un accompagnement approfondi et à votre rythme.

Un carnet de méthodes, d'exercices, mais surtout une introspection globale qui va vous permettre de vous réconcilier avec votre corps et de vous créer une expérience corporelle positive et sereine.

C'est un investissement très personnel à faire avec beaucoup d'indulgence envers soi-même. Vous devez aujourd'hui réapprendre à vous regarder, à vous parler et à vous aimer. Ce n'est pas simple, mais c'est à la fin de ce chemin que l'on découvre l'amour de soi avec ses hauts et ses bas, mais surtout avec l'estime de soi.

Profitez de ce moment pour vous...

Les troubles alimentaires ont longtemps été un problème dans ma vie et ça restera un combat constant. Si vous en souffrez, faites en sorte d'être accompagnée par un professionnel de santé qui vous aidera à guérir durablement.

Sommaire

Mode d'emploi

On utilise toutes les étapes de notre vie pour se construire notre propre expérience corporelle. De votre enfance à aujourd'hui, vous avez rencontré de nombreux moments qui ont pu créer une expérience corporelle négative. Et cela arrive, quand vous ressentez une différence entre le corps vécu *(donc celui que vous avez en ce moment et la façon dont vous le vivez)* et le corps idéal *(celui que vous rêveriez d'avoir)*. Et c'est donc ce décalage qui peut faire naître ce que l'on appelle une insatisfaction corporelle.

Et il n'y a pas à culpabiliser de cela, ce sont toutes ces choses qui font que, aujourd'hui, pratiquement toutes les femmes admettent avoir ou avoir déjà eu un complexe.

Au début de ce programme, nous allons scanner ensemble votre rapport au corps, pour ensuite nous concentrer sur votre avenir, sur la création d'une relation saine avec votre image, avec votre corps et avec vous-même.

Les 5 conseils pour suivre le programme BMC

1. Il se présente sous la forme d'un carnet personnel pour vous permettre de profiter de cette introspection sans aucun jugement !

2. N'essayez pas de terminer le programme trop rapidement, vous avez besoin de temps pour assimiler les exercices et les pratiquer !

3. Ce carnet est privé, je vous conseille vivement d'en faire le jardin secret de votre rapport au corps, cela ne regarde que vous !

4. Les exercices sont tous accompagnés de consignes et exemples pour vous guider, ils seront indiqués en *italique*.

5. N'oubliez pas les principaux mots-clés de ce programme : bienveillance et valorisation !

01
Le passé

Le premier chapitre de ce programme vous permettra de vous concentrer sur la relation passée et actuelle que vous avez développée avec votre corps. Eh oui, c'est tout un programme !

Vous allez prendre conscience de la négativité qui peut parfois vous envahir et finir par définir complètement votre rapport à votre image.

Vous allez prendre conscience que vous ne voulez plus de ce filtre négatif utilisé constamment pour vous regarder dans le miroir.

Vous allez prendre conscience que, aujourd'hui, vous décidez d'être vous, parce que vous en avez besoin, mais surtout parce que vous le méritez.

La méthode Ikigai

La méthode Ikigai est un procédé japonais qui représente aujourd'hui une véritable philosophie de vie.

Si elle vous pousse à **l'introspection** profonde, elle est surtout là pour vous aider à trouver votre voie et surtout à vous définir en tant que personne. Elle vous permettra en effet d'avoir une cartographie très précise de qui vous êtes aujourd'hui, mais surtout de qui vous souhaitez devenir.

Ne vous limitez pas à votre relation au corps :

- L'idée c'est d'avoir une vision plus globale,
- De comprendre qu'en amont de ce programme, la vision de votre vie est ainsi,
- Qu'aujourd'hui, vous placez vos priorités à tel ou tel endroit,
- Qu'aujourd'hui, vous identifiez telle vocation ou mission...

L'idée première de ce programme est évidemment de faire évoluer votre relation avec votre corps, mais aussi de vous réconcilier avec votre image et avec vous-même.

Cet exercice vous permettra de mesurer l'impact que peut avoir votre insatisfaction corporelle dans votre vie au quotidien, mais également sur la réalisation de vos aspirations personnelles. Il est toujours bon de savoir ce que l'on veut, mais aussi *(et surtout)* ce que l'on ne veut plus.

Pour ce faire, remplissez simplement les différents éléments de votre vie dans les espaces prévus à cet effet sur la page suivante.

Commencez par remplir simplement et sans trop réfléchir, les cercles les plus grands.

Ensuite, vous remplirez les cercles qui se croisent pour identifier des éléments de vie en commun. Cela vous indiquera vos passions, vocations, professions et missions.

Et pour finir au centre, vous découvrirez votre Ikigai qui devra correspondre à chacune de vos cases, en harmonie.

Elle est là, votre voie intérieure.

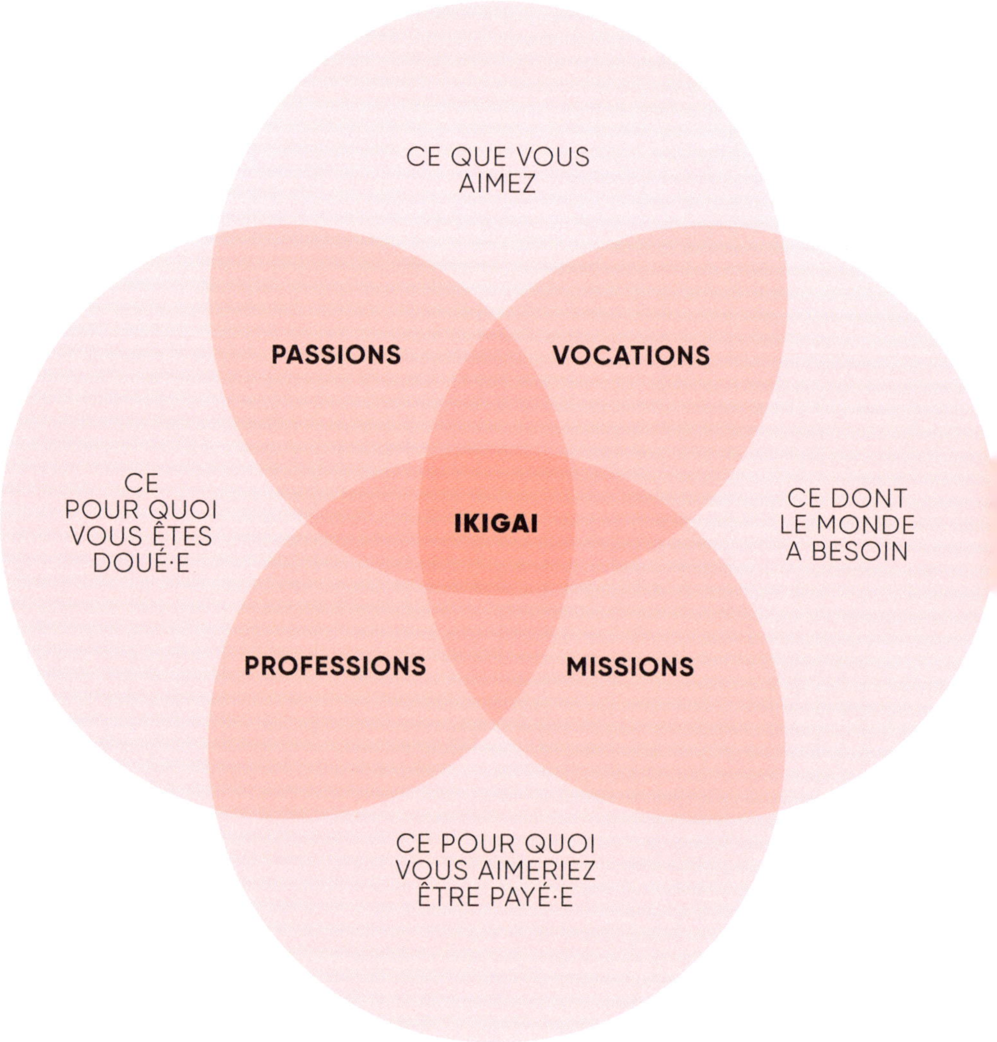
CE QUE VOUS AIMEZ
PASSIONS
VOCATIONS
CE POUR QUOI VOUS ÊTES DOUÉ·E
IKIGAI
CE DONT LE MONDE A BESOIN
PROFESSIONS
MISSIONS
CE POUR QUOI VOUS AIMERIEZ ÊTRE PAYÉ·E

Écrivez à votre corps

Nous cherchons toutes plus ou moins à nous reconnecter à notre propre corps. Et cela peut paraître bien difficile lorsque l'on a l'impression d'être face à un étranger.

Aujourd'hui, je vous propose un premier pas vers cette reconnexion. Utilisez les mots pour parler à votre corps.

Exprimez-lui votre gratitude, vos regrets ou même votre colère. N'ayez aucune limite.

Profitez de ce moment pour vous libérer sans barrières et surtout sans filtres. Et nous verrons par la suite que ce moment deviendra clé dans votre parcours.

Il ne peut y avoir de relation saine si elle n'est pas basée sur la confiance et l'honnêteté. Surtout envers vous-même.

L'influence de l'enfance

Nous nous construisons en fonction de nos blessures passées : le rejet, l'abandon, l'injustice…

Autant d'événements et de sentiments qui marquèrent notre expérience corporelle.

Vous ne vous en rendez peut-être pas compte, mais toutes les situations auxquelles vous faites face sont susceptibles de réveiller ces blessures. Je ne vais pas m'amuser à jouer la psy que je ne suis pas, mais il est pourtant évident que toute votre histoire corporelle se construit et évolue en fonction de votre histoire personnelle. Quand vous étiez petite, vous n'étiez pas effrayée une seule seconde à l'idée d'être en maillot de bain sur la plage, au contraire vous aviez hâte !

Je vous l'accorde, les enfants n'ont pas tout de suite conscience de leur propre image mais on assiste tout de même à une sacrée différence entre ces deux expériences corporelles !

En pratique

L'idée de cet exercice est donc de vous replonger dans les différentes étapes de votre vie pour comprendre à quel moment tout a basculé. De peut-être prendre conscience de vos sensations, de vos souvenirs lors de la maternelle ou de votre adolescence par exemple. D'identifier ces moments clés où vous vous sentiez libre dans votre corps ou peut-être déjà en conflit avec votre propre reflet... Vous l'aurez compris, il n'y a pas de bonnes ou de mauvaises réponses. Mais vous pourrez ici comprendre à quelle période de votre vie tout a changé...

Vous pourrez aussi prendre conscience que tout ceci a assez duré, qu'il est inutile de continuer de se faire souffrir inutilement...

Repensez à l'histoire de votre corps :

- *Comment le viviez-vous pendant votre maternelle ?*
- *Comment a-t-il évolué au lycée ?*
- *Qu'en est-il maintenant ?*
- *Concentrez-vous sur vos sentiments et vos expériences.*
- *Posez des mots sur chaque période de votre vie.*

Enfance

Adolescence

Aujourd'hui

L'arbre de vie de votre relation au corps

L'exercice suivant vous permettra de revenir maintenant sur les moments précis de votre passé ayant influencé votre rapport avec votre corps.

Durant celui-ci, vous pourrez comprendre que parfois, vos pensées sont simplement le reflet de remarques ou critiques que vous auriez pu entendre à votre sujet.

Si une personne vous dit que vous n'êtes pas intelligente, cela ne pourra être ancré dans la réalité qu'à partir du moment où vous vous direz « *Je ne suis pas intelligente* ».

Et c'est souvent l'erreur que nous faisons. Nous laissons les pensées des autres influencer ce que nous devrions penser. Nous laissons ces mêmes autres, décider de qui nous devrions être et des actions qui « *nous ressemblent* ». Reprenez le pouvoir sur votre histoire, sur la représentation de votre image et sur vous-même.

Listez ces moments dans l'ordre chronologique, essayez de les dater pour ainsi retracer l'arbre de vie de votre rapport au corps.

Exemple

Un jour, une amie de mes parents m'a dit lors d'une brocante, que, si je continuais de manger des frites, j'allais devenir obèse. Et que j'avais déjà pas mal grossi d'ailleurs...

Je me souviens de ce moment comme si c'était sincèrement hier. Je revois notre emplacement, les personnes autour de nous...

Je vous le donne dans le mille, j'ai continué de manger des frites et je ne suis pourtant pas obèse. Ce sont des pensées, ce ne sont pas des faits. Ce sont juste des interprétations.

Mais elles étaient devenues ma réalité, car à chaque fois que j'avais l'occasion de manger des frites, cette phrase résonnait en moi...

Voici un moment qui a marqué mon histoire corporelle.

À vous de jouer !

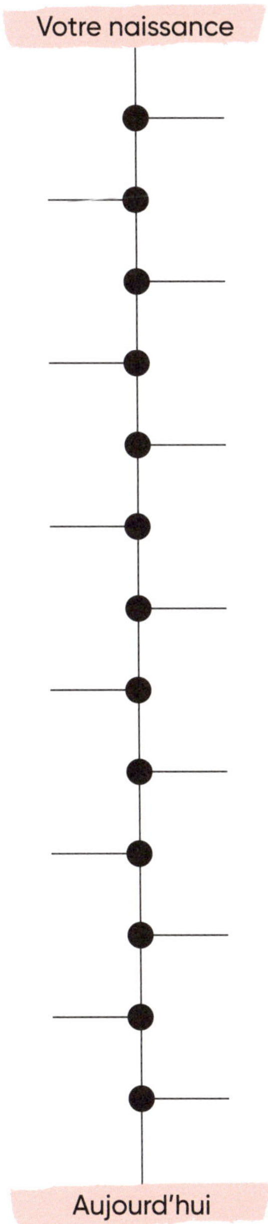
Votre naissance
Aujourd'hui

Votre corps idéal

Il est donc plutôt évident que notre image corporelle est en grande partie construite par notre environnement extérieur et notre relation avec ce dernier.

Cette pression est d'ailleurs souvent ressentie de manière totalement inconsciente. Notre voix intérieure nous dit clairement que l'on est obligée d'être mince, d'être épilée et parfaitement maquillée. Et c'est à ça que correspond (malheureusement) l'image de la femme d'aujourd'hui. Mais est-ce bien la vôtre ; cette petite voix qui vous souffle toutes ces choses ?

Reste donc à s'interroger sur la valeur de notre corps idéal. Émane-t-il véritablement de vous ? Ou plutôt d'un nombre de règles sociétales infinies dont on ne peut même plus établir l'origine ? On connaît toutes la réponse. Tout le monde parle d'une beauté universelle alors qu'elle est pourtant extrêmement personnelle !

C'est ce qui arrive avec notre corps vécu – **notre expérience corporelle actuelle**. Cette dernière a tendance à bien trop s'éloigner de notre corps idéal – **notre expérience corporelle souhaitée**. C'est ce décalage qui peut créer en vous une insatisfaction corporelle sur laquelle nous allons travailler !

En pratique

Une expérience corporelle négative peut nous amener à nous questionner bien trop souvent sur notre corps et sur son image. « Pourquoi » ne suis-je pas grande ? « Pourquoi » n'ai-je pas les yeux verts ? Et se lancer dans les « pourquoi » devient alors sans fin ! La seule vraie réponse à ces questions serait : PARCE QUE ! Donc le tout serait plutôt de savoir, pourquoi souhaitez-vous à tout prix être grande et avoir les yeux verts finalement ? L'idée de cet exercice est de comprendre en quoi vous différenciez aujourd'hui ces deux expériences corporelles – corps vécu et corps idéal ?

- *Prenez 5 minutes pour détailler les deux corps – vécu et idéal – dans le schéma suivant. Soyez la plus précise possible !*
- *Dans la zone commune, essayez de trouver les points communs qui existent déjà entre ce que vous vous imaginez du corps idéal et le corps que vous ressentez actuellement !*

N'hésitez pas à élargir sur votre personnalité, car vous êtes bien plus qu'un corps ! Cet exercice vous permettra de vous apercevoir que ce que vous pensez du corps idéal, vous l'êtes déjà un peu sans même vous en rendre compte ! Tirez profit de ces points communs, valorisez-les ! C'est une première étape, car évidemment, le but est bel et bien de prendre conscience que le seul corps idéal, c'est finalement le vôtre.

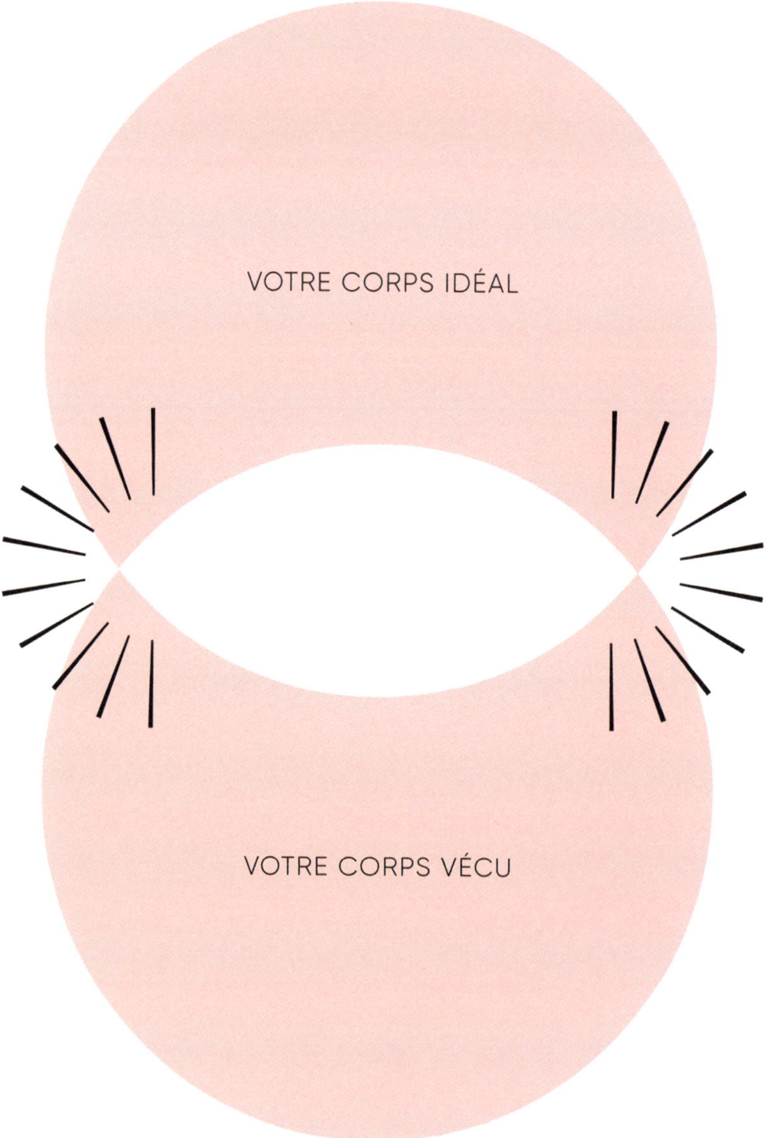

1. NEF F., HAYWARD E., *Accepter son corps et s'aimer*, Odile Jacob, Paris, 2008.

Les complexes

Ce serait aujourd'hui presque un miracle de trouver une femme sur terre qui en soit complètement dépourvue !

On sait à quel point on passe beaucoup de temps à lister nos complexes mentalement devant le miroir. À s'observer de façon complètement morcelée dans le but d'isoler les parties indésirables de notre corps. Mais est-ce que vous avez déjà pris le temps de les lister par écrit, de prendre assez de recul sur ces fameux complexes ?

J'aimerais que vous puissiez ici concentrer ces derniers. Avec indulgence, sans peur et sans jugement. Vous avez le droit d'être complexée par votre corps. Vous avez le droit de vouloir faire bouger les choses. Et, surtout, vous avez le droit de prendre cette décision pour vous-même.

Utilisez ici chaque case pour décrire un de vos complexes, prenez conscience de cette liste et de ce qu'elle implique dans votre vie au quotidien.

Ne vous sentez pas obligée de remplir toutes les cases. Je ne vous demande pas de vous autoflageller non plus ! Sentez-vous libre dans votre réflexion personnelle et surtout sans jugements ! C'est toute l'utilité de ce carnet…

Stratégie d'évitement

Ce qui est beau avec le cerveau humain, c'est qu'il est capable d'inventer de nombreuses manières de ne plus penser à cet aspect de notre vie qui nous dérange profondément.

Il esquive en beauté pour ne pas souffrir, ou pour, du moins, oublier de souffrir. Et c'est ce que vous faites sûrement avec vos complexes.

C'est ce qu'on appellera ensemble : les stratégies d'évitement ou d'adaptation. Ce sont finalement des subterfuges que nous mettons en place consciemment ou inconsciemment pour masquer nos complexes.

Par exemple : Je ne supporte pas mes bras > Je ne porte que des manches longues pour les cacher.

Dans cet exercice, reprenez les complexes listés dans le précédent et identifiez vos stratégies d'adaptation correspondantes. Prenez à nouveau conscience de l'impact qu'ils peuvent avoir sur votre quotidien.

Mes complexes

« Je n'aime pas mes fesses »

Mes stratégies

« Je ne porte rien de moulant en bas ! »

Mes complexes

Mes stratégies

Votre degré de contrôle

Inconsciemment, vous faites constamment subir une forme de contrôle à votre corps, et ce, dans toutes les situations qui peuvent rythmer votre vie. Cela peut être épuisant et rapidement devenir une charge mentale beaucoup trop lourde à porter. Cet exercice pourra vous permettre de prendre conscience de cet autocontrôle ! Qui ne souhaiterait pas vivre pleinement sa vie ? Sans se soucier constamment de son corps ou de l'image qu'il peut renvoyer ?

À travers les catégories suivantes, essayez de trouver en quoi vous vous imposez une forme de contrôle vis-à-vis de votre corps.

Exemple :

Vêtements : Je ne porte jamais de minijupe, de hauts courts…

Votre budget : Je dépense beaucoup en vêtements…

Travail : Je ne me mets jamais en avant, je garde mes idées car je n'ai aucune confiance…

Les sorties : Je ne sors pas si je ne suis pas assez apprêtée…

La posture : Je marche la tête baissée pour être moins vue…

Le sport : Je ne peux pas me mettre en legging devant les autres…

Vos vêtements

Votre budget

Votre travail

Les sorties

Votre posture

Le sport

02
Les autres

Dans le premier chapitre, nous avons scanné votre rapport au corps, de vous à vous. Dans le deuxième, nous allons nous tourner vers votre entourage.

Ce dernier peut avoir une influence énorme sur le degré de votre insatisfaction corporelle. Il n'y a pas de secret, bien s'entourer, et ce, dans tous les domaines, est d'après moi un des meilleurs conseils.

L'idée n'est pas de vous priver de votre cousin que vous aimez tant, mais qui pourtant vous fait les gros yeux lorsque vous reprenez du dessert... S'il est parfois difficile de les éviter, nous allons surtout apprendre à les gérer et vous permettre de vous émanciper un peu plus du regard des autres.

Aimer quelqu'un,
c'est lui donner
de l'importance
à ses propres yeux,
l'aider à croire
en lui-même.

Victor Hugo

La famille

Les parents nous permettent de construire notre identité. Leurs représentations corporelles ou, du moins, leurs attentes physiques, finissent par se répercuter sur notre système de pensées.

Le pouvoir des mots. Je suis toujours impressionnée par cette trace indélébile que les mots sont capables de laisser en nous. À cette blessure qu'ils peuvent créer ou alimenter. Les mots de nos proches sont encore plus cruels, car parfois ils ne sortent de leur bouche que dans le but de nous aider ou nous « pousser à l'électrochoc ». Ces remarques peuvent être simplement un écho de leur propre vie, de leur propre histoire et blessure. Et vous n'êtes qu'un nouveau miroir leur permettant de dire ce qu'ils n'ont jamais osé se dire.

Parfois votre mère peut devenir exigeante vis-à-vis de votre physique, et, malgré elle, vous créer une représentation mentale négative de votre image. Malheureusement, c'est à cause de sa propre représentation mentale passée ou actuelle qu'elle fait preuve d'une telle attitude.

La bienveillance peut prendre des formes bien différentes.

Elle est parfois bien cachée et déguisée en remarques piquantes. Dans cet exercice, je vous propose de prendre de la distance sur ces remarques.

Reprenez le pouvoir sur ces pensées automatiques qui ne se gênent pas pour vous harceler.

Dans le tableau ci-contre, inscrivez le nom de la personne, accompagné de la remarque qui vous a blessé.

L'idée est clairement de devenir plus forte que ces mots.

Vous connaissez vos proches. Essayez d'imaginer les raisons qui, d'après vous, les ont poussés à vous dire ce genre de choses.

Essayez de trouver une explication, des mots plus doux pour à terme, les remplacer dans votre esprit.

*Opposez votre positivité
à leur négativité !*

Qui ?	Raisons et alternatives

Votre corps en amour

Que ce soit pour vos amours passés ou actuels, votre relation au corps a forcément déjà eu un impact : timidité, gêne, malaise...

Aucune culpabilité à cela, l'intimité d'une relation est parfois difficile à gérer lorsqu'on ne se sent pas à l'aise avec son corps.

Ici, j'aimerais que vous puissiez vous rappeler. Vous souvenir de toutes les actions que votre insatisfaction corporelle vous a empêchées de réaliser lorsque vous étiez en couple.

Je comprends que cet exercice touche à vos sentiments les plus profonds, que cela puisse être difficile. Faites-le avec la même douceur que vous auriez en écoutant parler votre petite sœur ou votre meilleure amie. Vous méritez cette douceur. Cet exercice est juste là pour vous souvenir que vous méritez cette bienveillance, vous méritez cet amour. Et que, parfois, nous sommes les seules et uniques barrières.

Comprenez à quel point vos pensées peuvent vous empêcher d'accéder au bonheur.

Et surtout à quel point vous jouez au prophète en imaginant une situation négative qui émane simplement de votre propre système de pensées, et non de celui de votre conjoint...

Gérer les critiques

Vous avez certainement déjà vécu cette scène : celle où une personne vous fait une remarque sur votre corps qui deviendra votre propre vérité par la suite.

Comme si une critique avait le pouvoir de transformer la vision que vous avez de votre propre corps. Comme si chaque personne pouvait redéfinir votre expérience corporelle.

C'est désagréable de recevoir un jugement négatif, et, pourtant, on l'accueille et il devient notre propre réalité.

Personne n'est responsable de la baisse de votre estime de vous-même. Ce sont vos pensées qui ont le pouvoir de créer vos émotions. Ne laissez pas celles des autres influencer négativement les vôtres.

Je vous partage ici une astuce qui m'a réellement aidée à prendre de la distance avec les discours externes : le point de bascule.

En pratique

Point de bascule
« Oui, c'est vrai que j'ai fait pas mal d'écarts ces derniers temps... »

Critique reçue
« T'es grosse »

Votre nouvelle pensée
« Je suis grosse »

Ce moment où vous transformez la réalité de cette personne (réalité tout à fait discutable, je vous l'accorde) en votre propre réalité. Ce moment où vous laissez une personne décider à votre place. Ce moment où vous laissez quelqu'un d'autre vous définir ! Ce moment où vous commencez à remettre vos actions en question.

Ne cherchez plus la validation d'autrui, la vôtre suffit amplement. Ayez le même niveau de bienveillance que vous pouvez avoir avec vos amis.

Vous ne diriez jamais à quelqu'un que vous aimez qu'il est gros. Pourquoi vous l'imposer à vous-même dans ce cas ?

Aimer son corps c'est lui accorder ce même niveau de bienveillance, lui faire comprendre qu'il est important et qu'il a de la valeur.

La prochaine fois, soyez capable de mettre votre discours sur pause et d'identifier que vous êtes en train de basculer. Vous n'avez pas à faire de ce discours votre vérité et votre réalité. Vous avez le pouvoir dessus !

Apprendre à dire les choses

Souffrir d'une insatisfaction corporelle peut nous amener à gérer difficilement les critiques externes. Cela nous pousse à devenir plus susceptible et à prendre chaque phrase bien plus à cœur qu'elle ne le devrait.

Essayez de vous souvenir qu'une personne vous imposant sa négativité en souffre déjà sûrement elle-même. Et si lorsqu'on est profondément touchée, il est difficile de le gérer calmement, voici une petite astuce pour réagir au mieux à ce type de remarques. Pour qu'elles vous touchent un peu moins, mais surtout pour qu'elles ne se reproduisent plus. Parfois, notre entourage pense « *bien faire* » et ne demande qu'à comprendre. Alors donnez-lui les clés.

Souvent, ils ont juste besoin d'entendre les choses pour les comprendre.

C'est difficile d'avoir cette position, on ne devrait pas avoir à expliquer le manque de bienveillance des autres. Mais souvenez-vous que votre système de pensées n'est pas forcément le même que celui de votre entourage. Nous sommes tous différents, faites-en votre force. À nous de nous offrir nos propres clés.

QUAND TU FAIS/DIS	*que, si je grossis, je ne trouverai pas de travail plus tard…*
JE ME SENS	*rabaissée car tu considères que mon physique peut être la seule clé pour réussir dans la vie.*
LA PROCHAINE FOIS	*j'aimerais que tu valorises mes compétences, et que tu comprennes que c'est mon corps, que ces décisions m'appartiennent.*
MERCI	*de faire attention à moi, mais je sais ce qui est bon pour moi. Je te fais confiance, à ton tour d'avoir confiance en moi.*

Huot I., Sénécal C., *Cessez de manger vos émotions*, First, Paris, 2019.

03
La société

On reçoit l'influence de la publicité et des médias constamment. Notre cerveau est tellement fatigué par ces informations constantes qu'il finit par les traiter de façon totalement inconsciente.

Il est aujourd'hui bien difficile d'échapper à cette quantité de messages et donc de ne pas se comparer ou d'envier les autres.

Ce chapitre vous permettra de comprendre votre rapport avec ces images incessantes. De modifier ce rapport de force pour reprendre le pouvoir sur vos pensées et sur les informations qui régiront aujourd'hui votre vie.

Les magazines, la télévision, les réseaux sociaux... Apprenez à les regarder sainement, avec recul et légèreté. Devenez imperméable pour construire votre propre réalité.

Les magazines

Magazine : objet vous permettant d'imaginer que vous disposez de nombreux problèmes alors que ce n'est clairement pas le cas. Mais il est vrai qu'il est toujours plus pratique d'avoir des clients avec des problèmes quand on ne fait que proposer des « solutions ».

En hiver, on nous donne des conseils pour ne pas prendre de kilos pendant la période des fêtes, au printemps, on nous prépare à perdre du poids pour notre objectif bikini, en été, on nous explique comment maigrir en moins de deux semaines pour rattraper notre retard d'objectif bikini et pour finir, en automne, on nous présente une nouvelle méthode pour éliminer les excès de nos folies de cet été...

Les magazines vont dicter le contenu de notre assiette, en plus de la façon de nous habiller, de nous maquiller, de nous coiffer et bientôt (*déjà*) de penser ! Reprenez le pouvoir sur ce que vous aimez sincèrement et sur ce qui vous ressemble véritablement. Pour cela, nous allons jouer à un jeu à travers notre prochain exercice !

En pratique

Listez dans les cases suivantes toutes les consignes incessantes et pleines d'injonctions à la minceur que les magazines vous proposent constamment !

Toutes ces contraintes que l'on cherche à vous imposer et qui vous feront culpabiliser si vous n'allez pas jusqu'au bout ! Et la prochaine fois que vous croiserez ce genre de « consigne », vous repenserez à cette liste.

Vous vous rendrez compte que c'est toujours la même chose et que finalement : ce n'est pas si important ! C'est un modèle prédéfini et clairement répétitif !

Exemple :

Pour un ventre plat, ne buvez rien de gazeux, ne mangez pas de féculents le soir, ne buvez pas en mangeant d'ailleurs... bref arrêtez de vivre TOTALEMENT !

“

La robe doit suivre
le corps d’une femme
et non l’inverse.

Givenchy

”

Instagram

C'est marrant comme tout le monde parle de ce réseau social comme un lieu virtuel culpabilisant. Et, pourtant, nous continuons de nous faire souffrir tous les jours.

Nous continuons de suivre des comptes qui nous font ressentir cette insatisfaction corporelle dans un endroit qui ne devrait être pourtant dédié qu'à la distraction et au plaisir.

Alors bon, je ne vous dis pas de quitter ce réseau définitivement *(car personnellement, je l'adore)*, mais plutôt qu'il serait peut-être temps de faire un petit ménage dans vos abonnements et donc dans votre tête.

Listez des comptes que vous consultez régulièrement, dont vous reconnaissez parfois le sentiment d'insatisfaction.

Attribuez-leur 3 sentiments ou émotions.

@ ______________

@ ______________

@ ______________

@ ______________

@ ______________

Le bilan de cette relation ?

Maintenant que vous vous êtes rendu compte de toutes ces émotions négatives :

Essayez de trouver 5 bonnes raisons de continuer à suivre ces personnes. Essayez de justifier le fait qu'elles vous apportent une part de positif. Et, si vous n'y arrivez pas, alors vous savez ce qu'il vous reste à faire ! Je vous assure que cela peut changer la vie.

L'idée finale est de transformer votre réseau social à votre image. De créer un fil d'actualité qui vous fait du bien et qui permet de vous valoriser au quotidien.

De vous rapprocher de personnes qui correspondent à vos aspirations, à la vie sereine que vous recherchez aujourd'hui.

1

2

3

4

5

Comptes @Instagram inspirants

Je vous ai invité à faire le tri sur vos réseaux sociaux en vous tournant vers des comptes inspirants et surtout (body) positif ! Alors la moindre des choses, c'est de vous offrir un échantillon des comptes que j'adore suivre !

N'oubliez pas, vous avez le pouvoir de décider ce qui est important pour vous d'entendre et de voir chaque jour. Les abonnements sont une des choses que l'on peut encore maîtriser, alors autant l'utiliser pour nous faire du bien.

Si un compte vous fait culpabiliser, même le mien, privilégiez votre santé mentale ! Personne ne vous en voudra de prendre soin de vous, bien au contraire.

@joanaetvous

@imperfectionfr

@_juliettecarle

@thegingerchloe

@taniamakeusplus

@coucoulesgirls

@danaemercer

@douzefevrier

@menthe__banane

@ely_killeuse

@fiftyyearsofwoman

@gigilust

@healthfit_challenge

@juchoquer

@kimjlewin

@lafillequiadestaches

@marie_cay

@elina__rose

@mybetterself

@ownitbabe

@paulinealopecia

@pausitiveworld

@thebirdspapaya

@alafrancaisetoujourschic

La mode

C'est un moyen d'exprimer sa personnalité. Pour d'autres, c'est un camouflage, une façon de « sauver les apparences », d'être soi tout en étant finalement une autre. On se sent parfois obligée de la suivre pour être moins remarquée.

On peut la suivre un minimum pour passer inaperçue. On peut aussi être dans l'extravagance pour attirer l'œil ailleurs que sur ses complexes. On peut aussi décider de ne pas la suivre et d'utiliser les vêtements pour se « cacher ». Eh oui, les vêtements font clairement partie d'une de nos meilleures stratégies d'évitement ou d'adaptation. Le tout, en ayant l'impression de les maîtriser complètement. Sauf que « mal dans vos vêtements » peut parfois devenir mal dans vos finances. Et je sais de quoi je parle ! À force de constamment être à la recherche du vêtement parfait pour enfin me sentir bien dans mes baskets et me sentir belle, j'en ai dépensé de l'argent dans les boutiques ! S'il me restait 20 euros, je trouvais un haut à 19,99 euros en magasin vous pouvez en être certaine !

Le problème est que, en étant mal dans votre corps, vous ne trouverez jamais *le* vêtement parfait. Car vous finirez toujours par vous lasser et ça, c'est une certitude.

En pratique

Dans un premier temps, constituez votre garde-robe avec uniquement les vêtements dans lesquels vous vous sentez bien et mise en valeur.

Au diable ce qui reste dans le coin du placard en attendant de maigrir/grossir ou d'avoir enfin une soirée déguisée sur le thème des années 1930 !

Vous devez maintenant être capable d'avoir une vue d'ensemble sur tous vos vêtements en un coup d'œil et, surtout, vous devez avoir envie de porter tous ces vêtements !

Remplissez la garde-robe parfaite avec les vêtements correspondant à la description ci-dessus.

Et, ne vous inquiétez pas, vous découvrirez une experte qui pourra vous donner de très bonnes idées en fin de chapitre !

Hauts

Robes

Vestes

Bas

Chaussures

Accessoires

© Juchoquer

Mathilde Loubéry

Styliste personnelle et fondatrice d'im-perfection, Maison de conseil en style

« Si im-perfection était un mot, un seul... Je choisirais *empowerment*. S'empouvoirer, à mes yeux, c'est prendre le pouvoir sur soi-même, par soi-même. C'est se libérer du regard d'autrui en connaissant sa propre valeur.

C'est cultiver la bienveillance, l'indulgence et l'écoute envers soi-même. Et en l'occurrence, ma mission avec im-perfection, c'est d'aider les femmes à créer leur garde-robe idéale, en considérant le style comme une clé vers l'épanouissement personnel.

À travers mes accompagnements, je vous apprends à vous habiller à votre juste valeur, quels que soient votre âge, votre couleur de peau et vos mensurations. Je vous aide à trouver un style 100 % vous : celui qui est au service de votre corps et de votre personnalité. Celui qui vous permet de vous sentir invincible à n'importe quel moment de votre vie de femme. Bref, celui qui vous empouvoire. »

Mathilde

Retrouvez le podcast de Mathilde sur toutes les plateformes audio.
Mathilde réalise des interviews de femmes inspirantes
nous racontant leur rapport au corps.

Site Internet : https://www.im-perfection.fr/
Instagram : @imperfectionfr

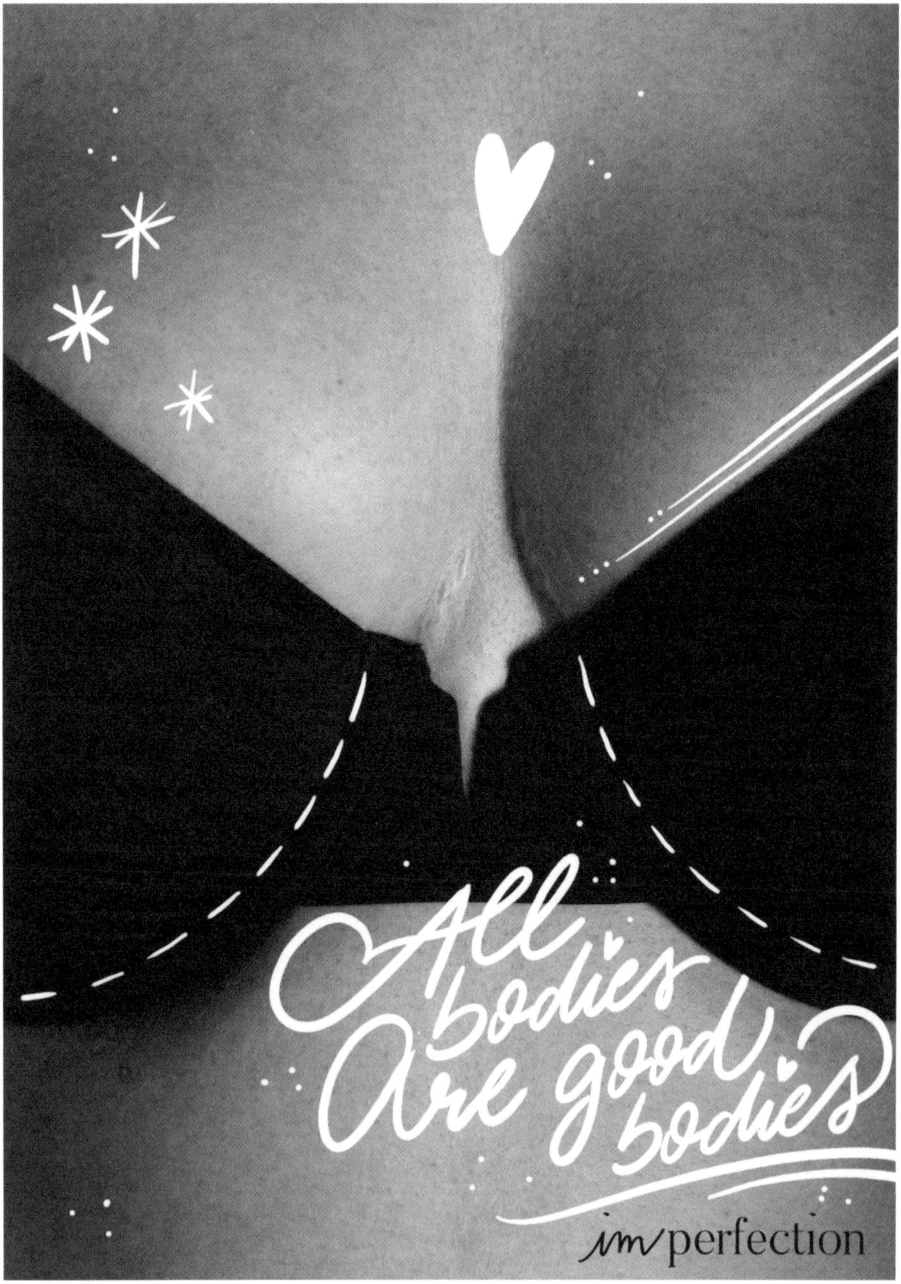

© imperfection, Juchoquer, Audrey Leroy

04
L'alimentation

Votre insatisfaction corporelle est très souvent liée à votre relation avec votre alimentation.

Dans ce chapitre, nous allons voir en quoi vos émotions, les règles alimentaires et les pulsions associées peuvent être maîtrisées pour vous offrir une relation plus saine avec votre assiette.

Pas de conseils médicaux et diététiques ici, car ce n'est clairement pas mon métier. Si à la fin de ce programme vous souhaitez travailler dessus et engager un rééquilibrage alimentaire de façon saine et durable, j'ai un super programme à vous conseiller auprès d'une professionnelle de santé.

Rendez-vous à la fin de ce chapitre pour découvrir notre experte sur le sujet !

Bannissons les règles !

Nous avons grandi avec un ensemble de règles régissant notre vie et notre fonctionnement. C'est encore pire avec notre alimentation. Ces règles entraînent parfois un sentiment de culpabilité à propos d'un aliment en particulier et parfois de plusieurs.

Prenez le temps de lister ces règles qui vous empêchent de manger librement, sans culpabilité, sans pression…

Prenez du recul sur ces règles.

Essayez de vous rappeler pourquoi vous les suivez.

Qui vous en a parlé, votre mère, un magazine féminin, une blogeuse ?

Exemple : « Il ne faut pas manger de féculent le soir ! »

1

2

3

4

5

Émotion négative

L'alimentation émotionnelle, c'est lorsqu'une émotion positive ou négative, consciente ou inconsciente vous pousse à manger d'une façon « inhabituelle ». Et elle est naturelle !

L'alimentation est forcément un vecteur d'émotion. Mais cela peut devenir désagréable quand nos émotions nous font perdre pied face à nos placards. Et, pourtant, il n'y a aucun problème à rentrer chez soi avec une envie de manger !

Seulement parfois, ce comportement n'est pas dû à une faim, mais bel et bien à une émotion. Une émotion telle que vous ressentez le besoin de l'exprimer. La nourriture est réconfortante, rassurante et c'est tout naturel de se tourner vers elle dans ce genre de moment.

Le problème étant que, parfois, un nouveau sentiment apparaît après ce genre de comportement, il s'agit de la culpabilité.

Et c'est cette émotion que l'on va essayer de neutraliser un maximum. Culpabiliser parce que vous avez mangé, c'est comme culpabiliser parce que vous avez été aux toilettes !

Le pire étant que cette culpabilité vous fera diaboliser une catégorie d'aliments qui deviendront à vos yeux de « *mauvais aliments* ».

Car, à chaque fois que vous retomberez dessus, le sentiment de culpabilité fera déjà son apparition, et cela même avant d'avoir ouvert la bouche !

Parfois une émotion peut paraître bien compliquée à identifier.

On ne sait pas toujours ce qui nous provoque ce sentiment pourtant si désagréable. C'est tout simplement parce qu'une émotion peut en cacher une autre.

C'est pourquoi je pratique l'exercice du *mapping* quand j'ai besoin de développer une vue d'ensemble sur ce que je ressens.

L'idée ici est de développer vos ressentis pour en comprendre la profondeur. Et, pour bien comprendre la technique, je vous partage par la suite mon propre *mapping* d'il y a quatre ans maintenant.

Exemple

Un soir, je suis rentrée agacée par ma boss, je me suis retrouvée nez à nez avec mon placard et un joli paquet de chips que j'ai vidé en 5 min chrono.

C'était pourtant OK de rentrer et de manger des chips, mais ensuite, j'en ai pleuré. Car oui, je me sentais minable d'avoir « craqué » de cette manière (expérience personnelle !).

J'ai donc essayé de comprendre pourquoi je ressentais cela, afin d'évacuer mon émotion de manière contrôlée en pleine conscience.

Le mapping est assez simple. Prenez une feuille, un stylo.

Au centre, vous y indiquez la première émotion, celle qui est ressentie et étant la plus forte, la plus évidente.

Ensuite, vous développerez de nouvelles branches à ce mapping. L'idée est de creuser cette émotion sous différents aspects afin d'avoir conscience de l'ampleur de celle-ci.

Comme une émotion peut en cacher une autre, c'est grâce à ce genre de mapping que je me suis rendue compte, un jour, que je rêvais d'une reconversion professionnelle. Je n'avais que 25 ans, après un master, un prêt étudiant… je voulais tout recommencer et ça me terrifiait. Ce jour-là, j'ai dû regarder la vérité en face. Et une belle partie de mon anxiété a disparu avec cette émotion.

Alors non, je vous rassure que tous mes *mappings* ne m'ont pas forcément dirigée vers des questionnements aussi énormes que celui de la reconversion professionnelle. Mais cet exemple peut vous aider à en saisir le fonctionnement de base : celui de creuser et d'explorer enfin des émotions qu'on vous a toujours appris à étouffer. On vous a toujours répété : « Ce n'est rien, ça va passer ! » Non, une émotion a besoin d'être là, d'être appréciée pour ce qu'elle est. Après tout, c'est ce qui nous rend humain !

Cet exercice n'est pas un remède miracle, mais plutôt une piste, une méthode pour vous accompagner dans cette acceptation de votre émotion.

Je ne vous dis pas de ne pas manger ! Si l'envie est là, c'est important de la vivre et de la ressentir comme ce qu'elle est : une envie émotionnelle.

Le fait de commencer par en avoir conscience peut faire toute la différence, car elle vous poussera consciemment à chercher la nature de cette émotion.

1. Est-ce que ma boss m'énerve réellement ?

Non, je l'adore, elle m'a juste fait une remarque sur mon travail que j'ai mal effectué. Mais elle a raison, je n'avais pas envie de le faire. Je l'ai bâclé alors qu'il s'agissait d'un client important.

MON ÉMOTION DE BASE : JE SUIS ÉNERVÉE CONTRE MA BOSS

3. Est-ce que j'aime toujours ce que je fais ?

J'ai l'impression d'être un robot et de faire constamment la même chose. Un poste au-dessus du mien ne m'intéresse finalement pas vraiment, je ressens trop de pression, je n'ai plus aucun temps libre... Je ne me sens pas assez passionnée pour continuer. J'aimerais quelque chose de plus « humain ».

2. Est-ce que ce n'est pas plutôt ma boîte qui m'énerve autant ?

J'adore mes collègues, je me sens bien intégrée et l'ambiance est plutôt bonne. Je ne me retrouve plus vraiment à travers les valeurs de mon entreprise, mais c'est une valeur commune au métier...

Gestion des émotions

Votre corps a besoin de faire ressortir ces émotions. Si votre cerveau vous dit non, vous pouvez être certaine que votre corps vous prouvera que ce sentiment est bien là.

Il le manifestera, à travers la nourriture, des problèmes d'intestins ou de peau, des maux de ventre, de stress... peu importe, il trouvera une manière (généralement peu agréable) de vous faire un signe.

Après avoir fait le travail de *mapping*, il est primordial d'exprimer cette émotion. À l'époque, j'ai pleuré et rien de mal à cela ! Mais vous pouvez aussi vous préparer une liste d'activités qui vous plaisent réellement et qui vous inspirent. L'idée ici n'est pas d'étouffer l'émotion d'une autre manière mais bien de rattacher la pleine conscience de cette émotion à une activité qui vous fait plaisir, qui vous permet d'y songer (on oublie donc Netflix) et qui fait du bien à votre corps.

Identifiez les possibilités ci-dessous, prenez-les en photo avec votre téléphone et embarquez-les pour avoir la liste à disposition n'importe où, n'importe quand !

Exemples : « Je dessine », « je fais du sport », « j'en parle à une amie ou à quelqu'un de ma famille »...

Émotion positive

Fêter une bonne nouvelle au restaurant est tellement agréable. Parfois, on décide de se faire « plaisir » avec un dessert pour se féliciter d'une telle nouvelle. Et pourtant, on réussit à culpabiliser ensuite...

Ce qu'il faut comprendre, c'est que, dans une telle situation, vous auriez hésité entre deux solutions qui vous auraient offert de la frustration ou de la culpabilité. Les deux ne sont clairement pas des sentiments que l'on souhaite ressentir dans un tel moment !

Exemple :

- Je prends un burger avec des amies, mais je culpabilise de les voir manger une salade.

- Je prends une salade en famille, mais je suis frustrée de les voir manger les moules frites qui me font tellement envie.

Attention : ce sont des exemples, il n'y a ici aucune diabolisation envers ces aliments. C'est OK de manger une salade ou un burger !

Dans chaque situation, si vous avez envie d'être négative envers vos choix, vous trouverez toujours le moyen de l'être.

Soyez bienveillante envers vous-même.

En pratique

Pour cet exercice, on essaye de tenir un journal de pensées. Une double page où vous pourrez vous sentir libre d'y apposer tous ces moments où vous avez eu l'impression de vous gâcher l'instant à cause de votre rapport avec l'alimentation.

Vous pouvez la remplir avec vos souvenirs, ou la remplir au fur et à mesure, vous êtes complètement libre !

La première colonne, vous pourrez y décrire la situation, l'occasion spéciale qui vous offre ce moment.

La seconde colonne, vous y indiquerez les aliments qui vous inspirent un sentiment un peu désagréable dans un contexte pourtant si joyeux.

La troisième colonne sera celle de vos pensées, de celles que vous avez pu avoir à ce moment-là.

La quatrième colonne est celle de la bienveillance. Celle où vous pourrez rassurer cette petite voix dans votre tête.

L'idée est de prendre conscience de vos schémas pour créer des déclics futurs. Pour qu'à l'avenir, ce moment de fêtes en soit un du début, à la fin !

Une belle occasion

« Un restaurant entre copine pour fêter ma promotion »

Aliments concernés

« J'ai commandé un burger alors que toutes mes copines ont commandé des salades »

Sentiments, pensées automatiques	Mon espace de bienveillance
« Je suis nulle, je ne suis même pas capable de manger correctement alors qu'elles si... »	*« J'avais envie de ce burger, il n'y a rien de mal à manger un burger, j'étais fière de moi, il était excellent »*

Une belle occasion

Aliments concernés

Sentiments, pensées automatiques	Mon espace de bienveillance

Des petites astuces pour la route ?

« Je vais manger une glace, j'ai bien le droit de me faire un petit plaisir. » Cette notion de plaisir est aujourd'hui faussée, car ce type de plaisir signifie à notre inconscient « craquage ». Et laisse donc entendre qu'il existe de « bons » et de « mauvais » aliments.

Ce qui devait être un bon moment fait pourtant naître une arrière-pensée négative. Alors on se dit qu'on a bien le droit, comme pour se rassurer. De la même façon, je me disais : « *Bon, j'ai acheté cette robe un peu cher, mais j'ai eu une prime, je le mérite bien* » alors que, dans le fond, j'étais déjà en train de m'en vouloir et de culpabiliser en repensant à mes économies.

Faites de votre alimentation un plaisir constant. Pour que le mot plaisir ne soit plus associé à un craquage déraisonnable, mais plutôt à un quotidien sain et durable.

1. Vous avez le droit de manger ce que vous voulez ! Arrêtez de vous interdire des aliments au risque de vivre trop de frustrations ! Il n'y a pas de bons ou de mauvais aliments.

2. Apprenez à écouter votre corps. Détectez les signes qu'il vous envoie lorsque vous avez bien mangé. Et vous les connaissez déjà, à vous de les reconnaître !

3. On balance sa balance ! Tellement de facteurs vont faire varier votre poids. Si cela est réellement important pour vous : OK, mais alors pas plus d'une fois par semaine !

4. On prend plaisir à manger. Parce que oui, c'est un plaisir ! On arrête d'avoir peur de notre alimentation.

5. Le meilleur pour la fin : on se fait accompagner par une professionnelle ! Et pour ça, rien de mieux que le programme de Joana « L'alimentation et vous ».

> découvrez maintenant Joana, notre experte !

Joana Hubert

Diététicienne nutritionniste 2.0

Elle partage avec toi ses conseils et ses astuces du quotidien pour te donner l'impulsion afin qu'à ton tour, tu transformes durablement et en douceur ton alimentation.
Manger sain, gourmand et sans frustration, c'est possible et c'est ce qu'elle propose *via* son programme de rééquilibrage alimentaire l'Alimentation & vous.

« En 2017, après quelques expériences professionnelles salariées, je me suis lancée à mon compte. J'étais prête à accompagner des femmes dans leur désir d'amincissement. J'ai décidé de le faire sous forme de coaching individuel. Je proposais ces rendez-vous dans des lieux partenaires, le plus souvent des lobbies d'hôtels. J'ai choisi ces endroits classes et cocooning car ils permettent de casser le côté médical de la consultation diététique. Je souhaitais déjà à l'époque **proposer un accompagnement plus actuel**.

Rencontrer des clientes, écouter leurs besoins, leurs attentes et leurs peurs m'a permis de comprendre que tout ne se joue pas uniquement dans l'assiette.

Les échanges autour de la dimension psychologique, le rapport à l'alimentation et au corps ont très vite pris place dans mes coachings. **Je suis maintenant intimement persuadée que ces deux notions (physique et psychologique) doivent être travaillées en parallèle si on veut créer un changement profond et durable.** En partageant mon quotidien de diététicienne sur les réseaux *via* mon Instagram @joanaetvous j'ai pris conscience de tous ces messages culpabilisants et moralisateurs que nous inculque la société.

Que d'injonctions sur ce qu'il faut ou qu'il ne faut pas faire. Mais qui nous dit « comment » commencer la démarche ? À l'aide du programme de rééquilibrage alimentaire l'Alimentation&Vous que j'ai créé en mars 2019, j'accompagne les femmes et leurs familles en proposant une solution pratique et concrète. Le concept est simple mais efficace. Chaque semaine, les abonnées reçoivent : le menu de la semaine, les recettes qui composent ce menu et la liste de courses. **L'objectif : simplifier le quotidien alimentaire et soulager la charge mentale des femmes autour de l'alimentation.** Pour compléter le programme, j'ai créé un groupe d'échange et d'entraide sur lequel nous communiquons régulièrement. Je pense que partager sa démarche avec d'autres personnes vivant la même situation est un puissant vecteur de motivation. Ce groupe me permet aussi d'être présente et alerte sur les interrogations que peuvent avoir les utilisatrices au quotidien.

En suivant le programme, au fil des semaines les utilisatrices apprennent à consommer équilibré, sain et gourmand. Ces nouvelles habitudes alimentaires en cohérence avec leurs besoins physiologiques vont déclencher un amincissement durable. Vouloir s'accepter et souhaiter mincir sont deux objectifs totalement compatibles. Être guidé quotidiennement à l'aide de menus gourmands aide les utilisatrices à sortir de la spirale de la culpabilité. Oui, tu as le droit de manger du fromage, de la crème et du chocolat ! Renouer avec une alimentation équilibrée et un rythme alimentaire sain procure une sensation de bien-être interne qui vient compléter cette démarche d'acceptation et s'ancrer dans la durée. »

Joana

Site Internet : https://joanaetvous.com/
Instagram : @joanaetvous

05
L'avenir

Vous l'avez bien compris, les premiers chapitres de ce programme ont pour vocation de poser les bases de votre relation actuelle avec votre corps, d'identifier les différents facteurs internes et externes qui influent aujourd'hui sur votre expérience corporelle.

Le chapitre de l'avenir est, comme son nom l'indique, la première pierre de votre nouveau rapport avec votre image.

Un rapport que l'on souhaite plus sain, en cohérence avec votre personnalité et surtout bien plus ancré dans votre propre réalité.

Tomber amoureuse de soi

Ça y est, vous êtes arrivée à la meilleure partie de ce programme. Celle qui vous permet de vous tourner vers l'avenir, d'apprendre à vous connaître sincèrement, d'entrevoir une relation plus saine et de profiter de votre corps en pleine conscience.

Pourquoi est-ce important d'apprendre à se connaître sincèrement ?

Si vous êtes déjà tombée amoureuse de quelqu'un, j'imagine que vous connaissiez un minimum cette personne ? Alors pourquoi n'avez-vous pas appris à vous connaître avant d'espérer vous aimer enfin ? Votre amour est précieux, c'est normal de contrôler à qui vous l'offrez et vous n'échappez pas à la règle ! Vous connaître, c'est le meilleur moyen de vous aimer.

À l'école, l'amour de soi et l'estime de soi ne sont jamais des sujets évoqués concrètement. C'est pourtant tellement important de partir à la découverte de soi.

Je pars toujours du principe que, lorsque l'on s'aime profondément, que l'on accepte tous les traits de notre personnalité, notre corps finit par nous ressembler et nous plaire sincèrement. Et non l'inverse, ce n'est pas en changeant votre corps pour correspondre enfin aux exigences esthétiques externes que vous finirez par vous aimer véritablement.

Être épanouie vous rend belle et non l'inverse !

Ce chapitre pourra vous offrir cet espace nécessaire pour vous consacrer du temps, à vous ! Autorisez-vous à faire connaissance avec vous-même, à mettre en place des stratégies pour faire évoluer vos pensées automatiques en pensées libératrices ! Identifiez vos valeurs, vos besoins, vos envies et travaillez votre regard.

Toutes ces choses que vous pensiez faire naturellement et qui ont pourtant parfois besoin de temps et besoin d'être guidées. À vous de jouer !

Vos besoins

Autrement dit, ce que vous avez tendance à étouffer au plus profond de vous.

On les ignore, on cherche à les cacher au monde entier alors qu'ils nous sont pourtant vitaux.

Comment les identifier ?

Comment en prendre réellement conscience ?

Comment ne pas se laisser submerger et se retrouver seule face à notre mal-être ?

Identifier nos besoins est une des priorités lorsque l'on souhaite apprendre à se connaître sincèrement.

Tout simplement pour éviter de se retrouver dans une situation dérangeante et de s'entendre dire : « *Je ne comprends pas pourquoi j'ai fait ça, cela ne me ressemble tellement pas !* » ou encore : « *Comment j'ai pu atterrir dans ce boulot pourtant à un millier de kilomètres de ce que je souhaite réellement !* »

Attention, un besoin n'est pas une envie. Vous devez avoir conscience que cet élément de votre vie est primordial dans votre bonheur et n'est pas temporaire comme une simple envie ! Il doit être un principe fondamental de votre personnalité et de votre vie.

En pratique

Dans l'exercice ci-dessous, prenez le temps de lister vos besoins personnels. Quand je dis « personnel », c'est parce qu'aucune tierce personne ne peut être à l'initiative d'un de vos besoins. Si vous avez un besoin de gagner beaucoup d'argent pour faire plaisir à vos parents, il s'agit de leur envie, pas de votre besoin !

Dans la colonne en face, essayez de trouver le meilleur moyen pour vous d'atteindre ce besoin et de le satisfaire. Peut-être que vous ne vous étiez même pas rendu compte qu'un aspect de votre vie vous manquait et qu'il est pourtant primordial dans votre équilibre ! Peut-être que vous pourrez enfin identifier pourquoi vous vous sentez aussi frustrée face à une amie en particulier ? Peut-être qu'elle réveille en vous un besoin trop longtemps étouffé ?

Ces solutions peuvent être à moyen ou à long terme, peu importe. Mais attachez-vous à concrétiser ce besoin et à y répondre. Vous vous sentirez déjà bien plus en phase, et bien plus épanouie !

Mes besoins	Mon plan d'actions

Mes besoins	Mon plan d'actions

“

Trop penser
à ce que les autres
pensent de nous
risque de changer
ce que nous pensons
de nous-même.

Anonyme

”

Vos valeurs

Définir vos valeurs personnelles est l'une des meilleures façons pour vous d'apprendre à vous connaître et ainsi faire des choix en accord avec la femme que vous êtes réellement.

Découvrir ses valeurs, c'est parfois aussi se rendre compte que l'on a tendance à les laisser transparaître dans notre relation avec les autres, mais rarement avec nous-même.

Connaître et comprendre ses valeurs permet tout simplement d'analyser ses actions et d'avoir le recul nécessaire quand il s'agit de votre rapport au corps.

On souhaite tout simplement ne plus se retrouver à dire clairement et simplement : « Je ne comprends pas pourquoi je réagis de cette manière-là : c'est pourtant à l'opposé de la personne que je suis ! »

Elles permettent de vous motiver et de vous sentir en adéquation avec votre personnalité.

Prenez le temps de lire la liste des valeurs ci-après. Elle n'est clairement pas exhaustive et vous avez la liberté de l'enrichir.

Quelles sont les valeurs qui résonnent réellement en vous ?

En pratique

Ne réfléchissez pas trop et n'oubliez pas que votre intuition sera votre meilleur atout dans cet exercice.

Identifiez 10 valeurs qui vous appartiennent puis, afin de vérifier qu'il s'agit bien de valeurs ancrées en vous, déclinez chacune d'entre elles sur différents aspects de vos vies :

- *Personnel*
- *Social*
- *Familial*
- *Professionnel*
- *Amoureux*

Donnez des exemples concrets de votre vie qui, selon vous, illustrent parfaitement cette valeur au quotidien.

Soyez honnête, et s'il vous manque un des aspects listés plus haut, c'est qu'elle n'est pas une valeur fondamentale.

Abondance
Acceptation
Accessibilité
Accomplissement
Achèvement
Actualité
Adaptabilité
Adoration
Affection
Altruisme
Ambition
Anticipation
Appréciation
Assurance
Astucieux/se
Attraction
Audace
Autodiscipline
Autonomie
Aventure
Beauté
Bienveillance
Bonheur
Bravoure
Calme
Camaraderie
Candeur
Caritatif
Célébrité
Certitude
Chaleur
Charme
Clarté
Cohérence
Collaboration
Compassion
Compétence
Compréhension
Concentration
Confiance en soi
Conformité
Confort
Connexion
Conscience
Contentement
Contribution
Contrôle
Conviction
Convivialité
Coopération
Cordialité
Courage
Courtoisie
Créativité
Crédibilité
Curiosité
Découverte
Défi
Désir
Détermination
Devoir
Dévotion
Discernement
Discipline
Discrétion
Diversité
Domination
Don
Dynamisme
Éducation
Efficacité
Égalité
Élégance
Empathie
Encouragement
Endurance
Énergie
Engagement
Entêtement
Enthousiasme
Équité
Espérance
Être la meilleure
Euphorie
Exactitude
Excellence
Expérience
Expertise
Exploration
Expressivité
Extase
Extravagance
Famille
Fascination
Fiabilité
Fidélité
Flexibilité
Force
Franchise
Frugalité
Fun
Gagner
Gaieté
Générosité
Grâce
Gratitude
Harmonie
Héroïsme
Honnêteté
Indépendance financière
Intelligence
Intrépidité
Joie
Liberté
Maîtrise
Paix
Partage
Performance
Plaisir
Politesse
Pouvoir social
Prise de décision
Raffinement
Réciprocité
Réflexion
Relaxation
Repos
Résilience
Respect
Retenue
Rêve
Richesse
Rigueur
Sacré
Sagesse
Sang-froid
Santé
Satisfaction
Sécurité
Self-control
Sens de la vie
Sensibilité
Sentiment d'appartenance
Sérénité
Service
Simplicité
Sincérité
Solidarité
Solidité
Solitude
Soutien
Spiritualité
Spontanéité
Stabilité
Succès
Suprématie
Sympathie
Tradition
Tranquillité
Transcendance
Travail d'équipe
Unité
Utilité
Valeur
Variété
Vérité
Vie spirituelle
Vigilance
Vision
Vitalité

Valeur 1 : ....

Personnel

Social

Familial

Professionnel

Amoureux

Valeur 2 : ....

Personnel

Social

Familial

Professionnel

Amoureux

Valeur 3 : ....

Personnel

Social

Familial

Professionnel

Amoureux

Valeur 4 : ....

Personnel

Social

Familial

Professionnel

Amoureux

Valeur 5 : ....

Personnel

Social

Familial

Professionnel

Amoureux

Valeur 6 : ....

Personnel

Social

Familial

Professionnel

Amoureux

Valeur 7 : ....

Personnel ....

Social ....

Familial ....

Professionnel ....

Amoureux ....

Valeur 8 : ....

Personnel ....

Social ....

Familial ....

Professionnel ....

Amoureux ....

Valeur 9 : ....

Personnel

Social

Familial

Professionnel

Amoureux

Valeur 10 : ....

Personnel

Social

Familial

Professionnel

Amoureux

Au-delà du physique...

Vous n'êtes pas qu'un corps ! Il est tellement bien différent d'avoir un corps plutôt que d'en être simplement un. Vous êtes bien plus que ça et c'est justement l'endroit pour en prendre conscience.

Est-ce que vous pensez véritablement vous limiter à un simple physique ? Votre corps est merveilleux, je vous l'accorde, mais votre personnalité est encore plus précieuse.

Et c'est vous et seulement vous qui en êtes aux commandes et qui êtes capable de réaliser votre vie, de vous réaliser. La gratitude va dans les deux sens, alors prenez le temps de le remercier pour qu'il le fasse en retour.

Listez toutes les caractéristiques qui vous rendent unique, qui vous représentent et à travers lesquelles vous vous reconnaissez sincèrement. Listez ces traits de caractère qui vous sont propres.

Le principe d'auto-réalisation

Combien de fois j'ai eu à prophétiser, à imaginer une situation négative pour au final faire en sorte qu'elle se réalise, malgré moi. Le modèle de Brook permet d'identifier ce système de schéma de pensées négatives. Vos pensées vous amènent parfois à avoir le comportement que finalement, vous redoutiez d'avoir. Le voici à travers un de mes exemples :

C comme circonstance : *j'ai une soirée où je sais que les invités seront super bien habillés et élégants.*

P comme pensée : *du coup, je me dis que je ne suis clairement pas à la hauteur, je ne sais pas quoi me mettre et je vais forcément faire tache dans le décor ! D'autant plus quand on voit la taille de mes cuisses...*

E comme émotion : *en pensant cela, je me sens triste et honteuse à l'idée de me rendre à cette soirée, j'en oublie complètement le côté sympa de l'événement !*

A comme action : *en réponse, je m'isole dans un coin en étant complètement focalisée sur la façon dont ma robe me moule le corps, je n'arrive pas à me mettre dans l'ambiance et j'en deviens presque insociable.*

R comme résultat : *je passe littéralement une mauvaise soirée et je le fais même payer à mon entourage.*

Nos pensées sont maîtresses de nos actions. Si je pense qu'elles peuvent devenir « boostantes » lorsqu'elles sont positives, il est important de reconnaître celles qui ne vous aident pas et surtout celles qui vous blessent.

Rappelez-vous : vos pensées ne vous définissent pas, ce sont vos actions qui le font ! Alors, autant s'attacher à déterminer ensemble les schémas dont vous ne voulez plus aujourd'hui.

À vous de jouer ! Rappelez-vous tous ces moments où vos expériences corporelles négatives vous ont empêchée de vivre pleinement. Essayez de vous souvenir de votre système de pensées.

Prenez le temps, fermez les yeux et essayez de vous souvenir au maximum des mots exacts que cette petite voix vous souffle à l'oreille dans ces situations. Ces schémas sont sûrement récurrents.

Ne culpabilisez pas lors de cet exercice. Ces schémas de pensées sont des automatismes, les dérouler de cette manière vous permettra d'en prendre enfin conscience et de comprendre l'impact qu'elles peuvent avoir sur votre vie quotidienne.

Vous risquez de vous prendre de plein fouet toute cette négativité. Et c'est OK. Vous êtes différente de votre MOI d'il y a 10 ans, alors il n'y a pas de mal à vouloir faire quelques ajustements aujourd'hui !

C.

P.

E.

A.

R.

C.

P.

E.

A.

R.

C.

P.

E.

A.

R.

C.

P.

E.

A.

R.

Reformulez vos pensées

Vous vous souvenez du sentiment que vous ressentez le matin au réveil après avoir rêvé ? Vous vous interrogez souvent sur la signification de vos pensées nocturnes, mais vous ne prenez pas systématiquement pour argent comptant les pensées qui vous traversent l'esprit à ce moment-là ? Alors pourquoi considérer autant vos pensées automatiques lorsque vous êtes réveillée ? Pourquoi leur accorder autant de crédit alors que ce ne sont clairement pas des faits établis ? Laisser ces pensées négatives nous définir est une bien triste habitude !

Vos ruminations mentales ne pourront que vous empêcher d'être vous-même et de profiter pleinement de chaque moment.

Il m'arrivait de déguster un fondant au chocolat (que j'adore) au restaurant tout en pensant que j'étais déjà bien trop grosse pour me permettre cela ! Qu'il me faudra faire du sport ou me priver ensuite pour l'éliminer… Alors oui, dans ces cas-là, je vous le confirme : autant ne pas manger de fondant au chocolat si c'est pour le subir de cette manière !

Et si on pouvait juste redéfinir nos pensées ? Et s'il y avait une autre solution finalement ?

En pratique

Vos pensées automatiques vous empêchent de profiter de ce moment pour ce qu'il devrait être : un pur moment de délice et de plaisir. Rien de plus.

Remplacez ces formulations internes par une autre plus neutre, plus douce et plus bienveillante envers vous-même.

La reformulation positive vous fera changer de posture dans votre quotidien.

Reprenez les formulations négatives que vous avez pu lister dans l'exercice précédent. Notez-les dans le tableau ci-dessous en y trouvant une reformulation positive et constructive de vos pensées de rumination.

N'oubliez pas, parfois vous dire « Je suis moche », peut simplement se corriger en décidant de se reprendre de cette manière : « Non, je suis en train de ***penser*** *que je suis moche, mais ce n'est pas une vérité, en tout cas, ce n'est pas la mienne » !*

Pensées négatives

Reformulations

Pensées négatives	Reformulations

C'est l'image
que nous avons
de nous-même
qui fait notre destin.

Nathaniel Branden

Rééduquer votre regard

Vous connaissez ce fameux filtre de négativité par lequel vous avez l'habitude de vous regarder ou de regarder les autres ? Il est automatique et c'est souvent bien difficile d'y échapper. Le seul moyen de pouvoir se reconnecter à un regard pur, c'est de prendre conscience des sensations de notre corps.

Historiquement, j'ai toujours eu tendance à regarder les autres avec le même regard que je pouvais poser sur moi devant un miroir : de façon morcelée et non dans sa globalité.

Ce n'est pourtant pas en se concentrant sur les qualités physiques des autres et sur ses propres défauts qu'en retour, notre reflet nous donnera le sourire ! C'est évident et pourtant...

Le cœur du problème est là : aucune beauté n'est morcelée. Quand vous appréciez le tableau d'un artiste, est-ce que vous n'appréciez pas l'ensemble de sa beauté ? Dans son intégralité ?

Alors comment espérer saisir votre propre beauté en vous concentrant uniquement sur certaines parties de votre corps, qui plus est, les parties que vous aimez le moins ?

En pratique

Prenez du recul sur vos réflexions quant à ce sujet.

Forcez-vous à recalibrer votre regard, forcez-vous à reformuler votre discours intérieur pour prendre en compte la beauté globale.

J'ai découvert une astuce intéressante dans le livre Accepter son corps et s'aimer[1], *qui est de donner un surnom à cet aspect de vos pensées comme : « Tiens revoilà à nouveau Madame je suis moche ! » comme pour rappeler à votre inconscient qu'il s'agit juste d'un automatisme négatif.*

1. NEF F., HAYWARD E., *Accepter son corps et s'aimer*, Odile Jacob, Paris, 2008.

Des petites astuces pour la route ?

Je trouve très intéressante cette capacité que nous avons aujourd'hui à créer notre propre réalité. On est toutes d'accord pour dire que nous pouvons avoir des points de vue différents, que nos opinions politiques ne peuvent pas toujours être similaires et que toutes les personnes ont le droit d'émettre leur propre avis en leur âme et conscience. On est donc capable de comprendre qu'il s'agit clairement d'une perception personnelle et que nous pouvons difficilement influencer dessus.

Et si vous imaginiez vos pensées automatiques de la même manière ? Et si vous écoutiez sagement en vous répondant très poliment : « *Cause toujours, tu m'intéresses* » ? Vos pensées vous soufflent toutes ces choses négatives et c'est leur droit ! À vous de reprendre le pouvoir dessus. Et puis après tout, généralement, c'est une tout autre personne qui vous les aura mises en tête alors autant en reprendre la direction éditoriale !

1 Vos pensées vont être largement influencées par votre état émotionnel, votre niveau de frustration... recentrez le problème, il n'est jamais à l'endroit où il se manifeste.

2 Vous avez le pouvoir de rendre ces pensées ridicules. Vous vous trouvez moche ? Est-ce que vous pensez ressembler à la sorcière de Blanche Neige ? Non, on en est loin et c'est ridicule, on est d'accord !

3 Est-ce que vous ressentez profondément cette pensée ? Est-ce que vous êtes capable de l'argumenter sincèrement et surtout est-ce que tous vos proches pourraient valider tous ces arguments sans hésiter ?

4 « *Ne vous encombrez pas l'esprit de pensées inutiles. À quoi bon ruminer le passé, anticiper l'avenir ? Restez dans la simplicité de l'instant présent.* » Anonyme

5 Quand je sens que je suis en train de partir dans mes vieux travers, je me dis intérieurement « *blablablablabla* ». Et ça ne devient que du bruit sans aucun sens...

Exprimer ses émotions

Durant le chapitre lié à l'alimentation, nous avions parlé ensemble des stratégies pour comprendre comment fonctionne votre alimentation émotionnelle ou en tout cas de le faire en pleine conscience. Identifier vos émotions et savoir les exprimer peut vous permettre d'avoir une relation beaucoup plus seine que ce soit avec votre corps et votre mental.

Alors comment faire ? Une émotion est un sentiment auquel vous associez un jugement ou une accusation. Ce sont des émotions accusatrices envers vous-même ou une autre personne.

Maintenant, que l'on a compris à partir de quel moment nos émotions peuvent intervenir, comment fait-on pour les exprimer ?

En pratique

Il est tout d'abord important d'en prendre conscience. Et pour ça, le chapitre 4 (exercice du *mapping*) vous a sûrement permis d'avoir des premières pistes de travail.

Voici les étapes que vous pouvez mettre en place :

- *On identifie nos émotions et surtout les intervenants envers qui nous portons nos accusations.*

- *On prend toutes nos responsabilités. Car effectivement, vous avez la responsabilité de toutes vos émotions. Vous avez laissé cette personne vous blesser sans réagir. C'est la partie la plus difficile, je vous l'accorde, mais aussi la plus importante. Accepter, vous permettra également de prendre conscience que vous avez le pouvoir sur vos émotions et non l'inverse.*

- *On pardonne et on se pardonne. Et, pour ça, je vous propose de suivre les étapes du pardon sur la page suivante. À utiliser sans modération et pas uniquement dans votre rapport au corps.*

Prendre la décision

Il faut une grande motivation, mais également un grand courage pour réussir à franchir le cap. Pour immortaliser ce moment, je vous conseille de prendre une feuille et un stylo. Vous pourrez rédiger un contrat qui vous lie, vous et vos émotions. Expliquez noir sur blanc que vous décidez à partir de cet instant, de faire tout votre possible pour vous pardonner. Signez-le, tamponnez-le et même encadrez-le s'il le faut. L'essentiel, c'est qu'il puisse avoir l'air contractuel et formel.

Reconnaître que l'on a été blessée

Vous continuez de vous torturer sans cesse dans des situations identiques, chaque jour, c'est le même discours devant le miroir et ce n'est plus supportable. Personne ne s'inflige ça sans blessure au préalable. Vous vous êtes sentie insultée et offensée. Peut-être par une personne externe, mais peut-être aussi par vous-même directement. Prenez-en conscience, car le déni freine la réconciliation.

Accepter et exprimer sa colère

Libérez-la, elle ne demande que ça ! La colère vous va si bien quand elle est synonyme de guérison. Toutes les émotions accusatrices sont basées sur de la colère et la tristesse. Trouvez une échappatoire, un moyen de lâcher prise et de libérer cette colère enfouie depuis toutes ces années. Faites le plus beau sprint de votre vie, hurlez le plus fort possible en haut d'une falaise, prenez votre premier cours de boxe… L'essentiel, c'est de vous défouler et de réaliser cette activité avec la seule et unique volonté d'évacuer cette colère contre vous-même. Voyez-vous comme une cocotte-minute à qui l'on donne la possibilité d'exploser, sainement.

Lâcher prise et se réconcilier avec soi-même

Cela vous pousse à vivre pleinement et sereinement, et ce, sans se retourner et en vous libérant de toutes vos blessures. Pour cette dernière étape, je vous propose de vous retrouver seule avec la volonté ferme de vous redécouvrir. Un petit rituel de soin, un bon bain chaud ou même une séance de yoga. Appréciez ce moment en tête-à-tête. C'est un cadeau que vous vous faites.

La gratitude

C'est cette pensée qui peut réellement vous aider à vous concentrer sur ce que vous avez et sur ce qui vous rend vraiment heureuse. Elle détourne en quelque sorte votre attention sur tout ce qui pourrait vous faire défaut et sur tout ce qui vous déplaît au quotidien. Vous voyez où je veux en venir dans votre rapport au corps ? Est-ce que vous n'avez pas l'impression de constamment vous focaliser sur vos défauts ?

On tient les choses pour acquis, sans jamais réellement prendre le temps de les apprécier.

Et ça vaut pour tout, même pour votre corps ! Il n'y a pas de corps parfait. Il n'y a que des corps faits pour vous !

À travers cet exercice, prenez le temps de lister « vos défauts » ainsi que le temps de les remercier. Toute partie de votre corps mérite votre gratitude, elle vous porte chaque jour, reflète votre force d'aujourd'hui, qu'elle soit physique ou mentale, elle représente parfois un héritage...

Vos complexes

« Mes vergetures »

Vos remerciements

« Je remercie mon corps d'avoir pu suivre mes changements radicaux. La vitesse à laquelle j'ai pu grandir, grossir et maigrir ensuite et ainsi de suite... »

Vos complexes

Vos remerciements

Bon *mood*

Un petit exercice vient se glisser là et il est simplement ici pour vous rappeler que l'état d'esprit peut faire évoluer bien des situations et bien des pensées.

Lorsque vous vous apprêtez à passer un moment avec votre balance ou encore à avoir un tête-à-tête sérieux avec votre miroir, vous éprouvez parfois inconsciemment une sorte d'appréhension. Et c'est tout naturel, car je sais à quel point ces moments peuvent devenir désagréables.

L'idée de cet exercice est assez simple. Si vous savez que vous allez vous retrouver dans ce genre de situation, fermez les yeux. Respirez par le ventre et apaisez-vous.

Repensez à un moment particulièrement heureux, dans lequel vous vous sentiez parfaitement en phase avec l'environnement, les autres et surtout avec votre corps.

Revivez ce moment, repensez aux odeurs, aux bruits, aux différents détails qui en font toute sa particularité. Et projetez-vous dans les émotions que vous avez pu ressentir.

Cela vous permettra d'être dans une meilleure composition et dans un état positif. Déjouez le sort ! Après tout, la balance et le miroir ne sont que des objets, il n'y a aucune raison qu'ils nous fassent si peur !

Recalibrez votre regard

Un complexe est par définition inconfortable. Il nous dérange, nous obsède et nous gêne au quotidien. Nous sommes humains et notre première réaction va être de fuir cet inconfort. Mais fuir une peur ne peut finalement que vous pousser à la renforcer.

J'avais une phobie énorme des araignées. Mon chéri, de son côté, ne comprenait pas du tout mes réactions ! Pour lui, ces petites bêtes sont fascinantes et bien trop utiles à l'écosystème. Il a donc mis en place une sorte de campagne pro-araignées. Il m'a montré des documentaires, le côté positif des araignées pour les rendre tolérables et acceptables à mes yeux. Il savait parfaitement que, après des années à les détester, je n'allais pas pouvoir en tomber folle amoureuse d'un coup...

C'est exactement pareil avec vos complexes. Vous devez les rendre tolérables et acceptables. Les stratégies d'évitement que vous vous imposez (chapitre 01) ne vous permettent que de fuir, de masquer ou d'oublier un temps. Mais il suffit d'une seconde à replacer votre tee-shirt pour qu'on ne remarque pas votre ventre, ou alors une seconde à croiser votre reflet dans une vitrine et tout vous revient. Et c'est douloureux.

Vous devez appeler le positif dans votre façon de regarder votre corps.

En pratique

Vous connaissez vos défauts et vous ne les connaissez d'ailleurs que trop bien ! Aujourd'hui, je vais vous demander d'observer vos atouts.

Dans les colonnes ci-dessous, vous allez lister vos complexes dans la colonne correspondante. En face, vous y indiquerez un de vos atouts. Il ne s'agit pas forcément de rechercher le strict opposé, c'est-à-dire de passer d'un « Je suis grosse » à un « Je suis mince ». Vous avez poussé votre cerveau à penser blanc toute sa vie, n'essayez pas de lui faire penser noir.

L'exercice ressemblera plutôt à :
Mes cuisses sont énormes > J'aime ma taille marquée
Mes bras sont flasques > J'adore mes cheveux

Vous pouvez aussi bien y indiquer des traits de votre personnalité, vous n'êtes pas qu'un corps encore une fois !

La prochaine fois que vous vous retrouverez devant votre miroir, faites l'exercice précédent « bon mood » et listez à voix haute les qualités que vous avez énumérées dans cette liste. En vous concentrant sur les parties de votre corps que vous évoquez. En les remerciant et en appréciant leur beauté. Recalibrez votre regard.

Vos complexes

Vos atouts

Vos complexes

Vos atouts

Tu n'es pas défini
par ce qui t'est arrivé.
Tu es défini par
la personne que
tu décides d'être.

Anonyme

Des petites astuces pour la route ?

Vous connaissez la règle pour créer une habitude ? Il faut s'entraîner ! Votre cerveau traite les informations liées à votre corps de façon négative depuis des années, alors les modéliser peut prendre du temps et c'est totalement naturel.

Voici quelques astuces à mettre en place dans votre quotidien pour entraîner vos pensées et votre rapport au corps. Essayez de les pratiquer le plus régulièrement possible pour qu'elles deviennent un automatisme positif ! Et vous verrez finalement que, un beau jour, ce seront vos nouveaux automatismes. Pire, vous en aurez besoin ! Cette liste n'est clairement pas exhaustive, à vous de l'enrichir avec vos propres envies.

1. Pratiquez la visualisation : imaginez-vous complètement libérée de vos complexes. Comment vous sentez-vous ? Qu'avez-vous fait pour en arriver là ?

2. Challengez-vous au quotidien : aujourd'hui, vous ne ferez aucune allusion à votre apparence physique ! Demain, vous trouverez au moins un compliment par heure à vous faire !

3. Prenez conscience des capacités de votre corps, de ce qu'il vous permet de faire au quotidien. C'est quand on est souffrant que l'on se rend compte de la capacité hors norme que peut nous offrir notre corps. Profitons-en !

4. Prenez soin de vous, n'hésitez pas à vous chouchouter et à faire passer votre corps au premier plan au moins une heure par jour. De toutes les façons possibles et c'est parfois très simple : se mettre de la crème, prendre un bon bain…

5. Faites du sport ! Ah oui je sais, moi aussi j'ai fait une terrible grimace au début. Il ne s'agit pas de faire un marathon, parfois éviter le métro pour marcher, prendre les escaliers… C'est bête comme bonjour, mais sentez-vous vivante, ressentez votre corps, videz-vous la tête, c'est important.

La réponse de votre corps

Laissez votre corps vous pardonner. Relisez la lettre que vous avez rédigée à votre corps lors du chapitre 01. Vous avez certainement déjà eu une belle prise de conscience, alors essayez de vous mettre à la place de votre corps.

S'il devait vous répondre, que dirait-il ?

....

....

....

....

....

....

....

....

....

....

....

....

....

La méthode Ikigai

Au début de ce programme, je vous avais également proposé de travailler sur votre Ikigai. Eh bien ! Aujourd'hui, je vous propose de refaire un point dessus et de mesurer ainsi votre évolution globale !

Vous avez maintenant pu prendre conscience de la place de votre rapport au corps dans votre vie, mais vous avez surtout réussi à prendre de la distance avec.

Comment voyez-vous votre vie dorénavant ? Et votre avenir ? Qu'allez-vous enfin oser faire pour arriver à votre voie/voix intérieure ?

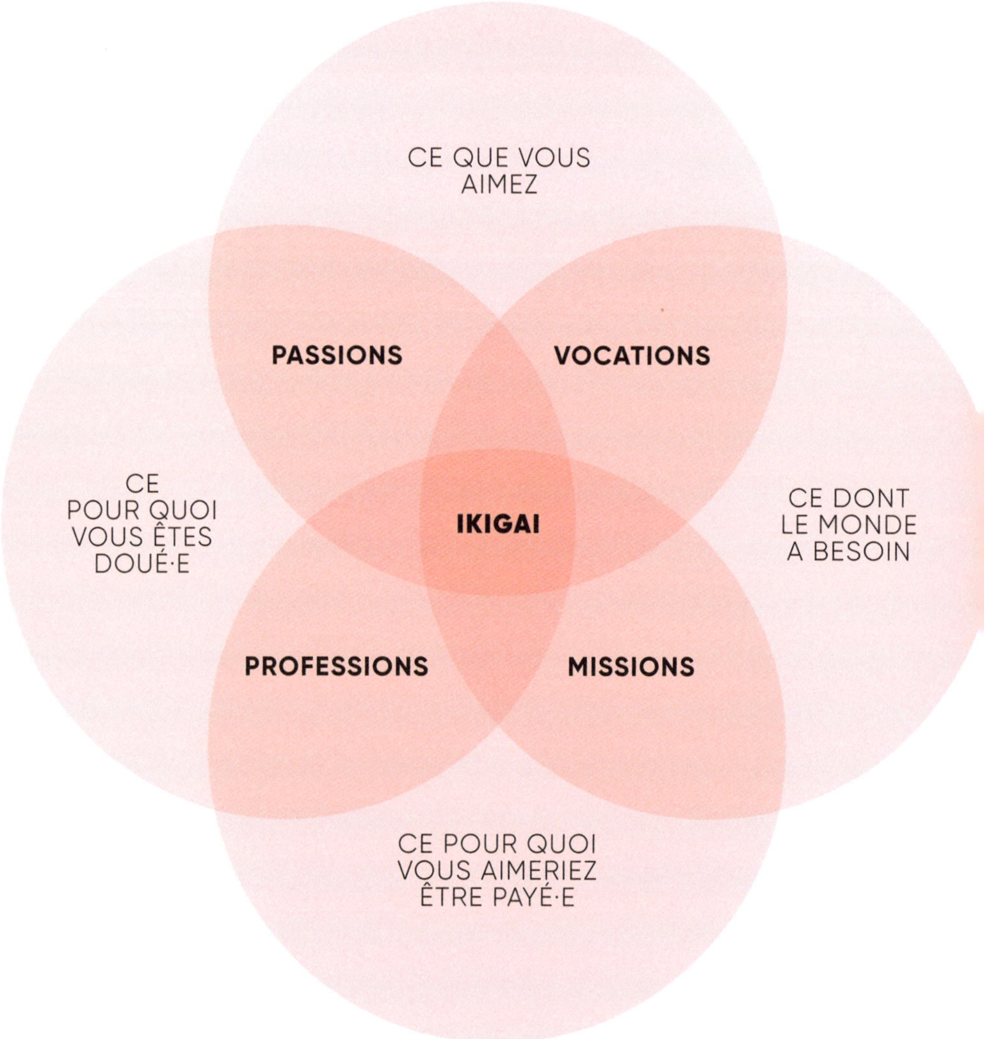
CE QUE VOUS AIMEZ
PASSIONS
VOCATIONS
CE POUR QUOI VOUS ÊTES DOUÉ·E
IKIGAI
CE DONT LE MONDE A BESOIN
PROFESSIONS
MISSIONS
CE POUR QUOI VOUS AIMERIEZ ÊTRE PAYÉ·E

Le mot de la fin

Vous avez sûrement toutes déjà entendu quelqu'un vous dire que l'on trouve généralement l'amour au moment où on arrête de le chercher.

Eh bien ! De la même façon, à force de chercher à se débarrasser de son insatisfaction corporelle, on finit par l'entretenir et obtenir l'effet complètement inverse...

C'est pour ça que ce programme a pour but principal de vous aider à vous concentrer sur l'essentiel.

À prendre du recul sur les aspects imposés par la société et votre entourage pour comprendre ce dont, de votre côté, vous avez réellement besoin dans votre vie au quotidien.

Vous faire souffrir constamment à cause de votre physique ne vous rendra pas heureuse.

Devenir la meilleure version de vous-même ? Vous l'êtes déjà. Il vous faut simplement vous reconnecter à ce qui vous définit réellement.

En pratique

Vous avez le droit de vous affirmer en tant que personne unique et singulière.

La « vraie vous » n'a aucune raison de se sentir mal dans son corps.

La « vraie vous » a compris que son entourage n'a pas son mot à dire sur ce qui est prétendument bon pour votre corps et bon pour vous en général !

La « vraie vous » est bien plus forte que les diktats de cette société.

La « vraie vous » a compris que manger est un plaisir et que l'écoute de son corps lui permettra d'atteindre son propre équilibre.

La « vraie vous » se connaît mieux que personne et agit en cohérence avec ses valeurs personnelles !

Soyez cette femme, soyez simplement vous !

“

Je viens de
calculer mon IMC.
Apparemment,
je ne suis pas
assez grande !

”

Juliette Carle

Photographe

Donner un espace aux femmes pour s'exprimer et laisser leur corps être, c'est ce que je souhaite à chaque séance que je propose pour apprendre à s'aimer. Les violences faites aux femmes sont ancrées si fortement dans notre esprit, par les mots, les gestes, les images, que le corps n'est plus perçu comme notre maison protectrice.

J'espère alors vous laisser un temps de vulnérabilité, d'imperfection, d'authenticité, pour se reconstruire et se découvrir sous une autre lumière, une lumière plus douce et plus bienveillante.

Pour cela, je propose des séances photographiques, dites Empowerment, pour renforcer l'estime de soi et votre amour-propre : un soin par l'image. J'adore faire de cette séance un moment de partage, de détente et de rire : parler de tout et de rien, parler de nos complexes, de nos forces, de nos volontés. Ma recherche artistique a toujours été très marquée par l'écoute des chemins de vie de chacun et les batailles personnelles que nous vivons en silence. Je vois l'acte photographique comme une aide précieuse pour les femmes que je photographie.

La photo matérialise un moment, une pensée et une émotion. Elle externalise nos ressentis et fige une beauté sublimée par la lumière.

Les **séances Empowerment** sont travaillées en amont ensemble : je vous écoute sur vos besoins et vos attentes, si vous souhaitez travailler sur un complexe, sur un événement marquant de votre vie ou tout simplement vous laisser guider. Elles peuvent être habillées, avec une chemise, semi-nues...

C'est vous qui décidez du début jusqu'à la fin ! Je suis vos envies pour que vous profitiez complètement de ce moment de bien-être.

Le premier élément pour faire une belle photographie est de bien utiliser la lumière... et celle-ci est déjà en vous.

Juliette

Site Internet : www.juliettecarle.com
juliettecarle@outlook.com
Instagram : @_juliettecarle

06
Votre journal

Je suis consciente à 100 % que ce programme ne pourra pas vous réconcilier en un claquement de doigts avec votre corps. Une nouvelle habitude peut mettre du temps à s'installer tout comme un nouveau système de pensées. Et c'est pour cela que j'ai décidé de clôturer ce programme par un journal d'expérience corporelle.

Pendant neuf mois, il vous permettra de suivre votre évolution et de prendre pleinement la mesure de l'évolution de votre rapport au corps.

Ce qui est encore plus intéressant de mesurer, c'est votre capacité à prendre du recul face à votre relation corporelle passée. De faire taire les jugements pour regarder votre passé avec bienveillance et ainsi faire de la valorisation votre quotidien !

Les 10 défis

que je souhaite relever pour reprendre le pouvoir sur mon rapport au corps.

1

2

3

4

5

Les 10 défis

que je souhaite relever pour reprendre
le pouvoir sur mon rapport au corps.

6 ....

7 ....

8 ....

9 ....

10 ....

Mois en cours : ....

Affirmations positives du mois, à se répéter le plus souvent possible :

....

....

....

....

Mes objectifs du mois, mon engagement envers moi-même :

Ces moments où je me suis sentie libérée :

....

....

....

....

Les rencontres inspirantes et positives du mois :

....

....

....

....

Tracker de nouvelles habitudes

Actions « bien-être »	Semaine 1	Semaine 2	Semaine 3	Semaine 4

Bilan du mois : ....

Évolution du niveau de bien-être*

Ma relation avec mon corps	♡ ♡ ♡ ♡ ♡
Ma relation avec mon entourage	♡ ♡ ♡ ♡ ♡
Ma relation avec mon alimentation	♡ ♡ ♡ ♡ ♡
Ma relation avec les diktats de la société	♡ ♡ ♡ ♡ ♡

** Coloriez le nombre de cœurs correspondant à votre niveau de bien-être*

Je suis reconnaissante que mon corps m'ait permis de :

....

....

....

....

Comment j'ai pris soin de mon corps ce mois-ci :

....

....

....

....

Mes victoires du mois vis-à-vis de mon corps :

....

....

....

....

Ce que je pourrais améliorer pour le mois prochain :

....

....

....

Vos pensées envers votre corps...

Mois en cours : ....

Affirmations positives du mois, à se répéter le plus souvent possible :

....

....

....

....

Mes objectifs du mois, mon engagement envers moi-même :

Ces moments où je me suis sentie libérée :

....

....

....

....

Les rencontres inspirantes et positives du mois :

....

....

....

....

Tracker de nouvelles habitudes

Actions « bien-être »	Semaine 1	Semaine 2	Semaine 3	Semaine 4
....				
....				
....				
....				
....				
....				
....				
....				
....				
....				
....				
....				
....				
....				
....				
....				
....				
....				

Bilan du mois : ....

Évolution du niveau de bien-être*

Ma relation avec mon corps	♡ ♡ ♡ ♡ ♡
Ma relation avec mon entourage	♡ ♡ ♡ ♡ ♡
Ma relation avec mon alimentation	♡ ♡ ♡ ♡ ♡
Ma relation avec les diktats de la société	♡ ♡ ♡ ♡ ♡

** Coloriez le nombre de cœurs correspondant à votre niveau de bien-être*

Je suis reconnaissante que mon corps m'ait permis de :

....

....

....

....

Comment j'ai pris soin de mon corps ce mois-ci :

....

....

....

....

Mes victoires du mois vis-à-vis de mon corps :

....

....

....

....

Ce que je pourrais améliorer pour le mois prochain :

....

....

....

Vos pensées envers votre corps...

Mois en cours : ....

Affirmations positives du mois, à se répéter le plus souvent possible :

....

....

....

....

Mes objectifs du mois, mon engagement envers moi-même :

Ces moments où je me suis sentie libérée :

....

....

....

....

Les rencontres inspirantes et positives du mois :

....

....

....

....

Tracker de nouvelles habitudes

Actions « bien-être »	Semaine 1	Semaine 2	Semaine 3	Semaine 4
....				
....				
....				
....				
....				
....				
....				
....				
....				
....				
....				
....				
....				
....				
....				
....				
....				
....				

Bilan du mois : ....

Évolution du niveau de bien-être*

Ma relation avec mon corps	♡ ♡ ♡ ♡ ♡	* Coloriez le nombre de cœurs correspondant à votre niveau de bien-être
Ma relation avec mon entourage	♡ ♡ ♡ ♡ ♡	
Ma relation avec mon alimentation	♡ ♡ ♡ ♡ ♡	
Ma relation avec les diktats de la société	♡ ♡ ♡ ♡ ♡	

Je suis reconnaissante que mon corps m'ait permis de :

....

....

....

....

Comment j'ai pris soin de mon corps ce mois-ci :

....

....

....

....

Mes victoires du mois vis-à-vis de mon corps :

....

....

....

....

Ce que je pourrais améliorer pour le mois prochain :

....

....

....

Vos pensées envers votre corps...

Mois en cours : ....

Affirmations positives du mois, à se répéter le plus souvent possible :

....

....

....

....

Mes objectifs du mois, mon engagement envers moi-même :

Ces moments où je me suis sentie libérée :

....

....

....

....

Les rencontres inspirantes et positives du mois :

....

....

....

....

Tracker de nouvelles habitudes

Actions « bien-être »	Semaine 1	Semaine 2	Semaine 3	Semaine 4
....				
....				
....				
....				
....				
....				
....				
....				
....				
....				
....				
....				
....				
....				
....				
....				
....				
....				

Bilan du mois : ....

Évolution du niveau de bien-être*

Ma relation avec mon corps	♡ ♡ ♡ ♡ ♡
Ma relation avec mon entourage	♡ ♡ ♡ ♡ ♡
Ma relation avec mon alimentation	♡ ♡ ♡ ♡ ♡
Ma relation avec les diktats de la société	♡ ♡ ♡ ♡ ♡

** Coloriez le nombre de cœurs correspondant à votre niveau de bien-être*

Je suis reconnaissante que mon corps m'ait permis de :

....

....

....

....

Comment j'ai pris soin de mon corps ce mois-ci :

....

....

....

....

Mes victoires du mois vis-à-vis de mon corps :

....

....

....

....

Ce que je pourrais améliorer pour le mois prochain :

....

....

....

Vos pensées envers votre corps...

Mois en cours : ....

Affirmations positives du mois, à se répéter le plus souvent possible :

....

....

....

....

Mes objectifs du mois, mon engagement envers moi-même :

Ces moments où je me suis sentie libérée :

....

....

....

....

Les rencontres inspirantes et positives du mois :

....

....

....

....

Tracker de nouvelles habitudes

Actions « bien-être »	Semaine 1	Semaine 2	Semaine 3	Semaine 4
....				
....				
....				
....				
....				
....				
....				
....				
....				
....				
....				
....				
....				
....				
....				
....				
....				
....				

Bilan du mois : ....

Évolution du niveau de bien-être*

Ma relation avec mon corps	♡ ♡ ♡ ♡ ♡
Ma relation avec mon entourage	♡ ♡ ♡ ♡ ♡
Ma relation avec mon alimentation	♡ ♡ ♡ ♡ ♡
Ma relation avec les diktats de la société	♡ ♡ ♡ ♡ ♡

** Coloriez le nombre de cœurs correspondant à votre niveau de bien-être*

Je suis reconnaissante que mon corps m'ait permis de :

....

....

....

....

Comment j'ai pris soin de mon corps ce mois-ci :

....

....

....

....

Mes victoires du mois vis-à-vis de mon corps :

....

....

....

....

Ce que je pourrais améliorer pour le mois prochain :

....

....

....

Vos pensées envers votre corps...

Mois en cours : ....

Affirmations positives du mois, à se répéter le plus souvent possible :

....

....

....

....

Mes objectifs du mois, mon engagement envers moi-même :

Ces moments où je me suis sentie libérée :

....

....

....

....

Les rencontres inspirantes et positives du mois :

....

....

....

....

Tracker de nouvelles habitudes

Actions « bien-être »	Semaine 1	Semaine 2	Semaine 3	Semaine 4
....				
....				
....				
....				
....				
....				
....				
....				
....				
....				
....				
....				
....				
....				
....				
....				
....				
....				

Bilan du mois : ....

Évolution du niveau de bien-être*

Ma relation avec mon corps	♡ ♡ ♡ ♡ ♡	
Ma relation avec mon entourage	♡ ♡ ♡ ♡ ♡	
Ma relation avec mon alimentation	♡ ♡ ♡ ♡ ♡	
Ma relation avec les diktats de la société	♡ ♡ ♡ ♡ ♡	

** Coloriez le nombre de cœurs correspondant à votre niveau de bien-être*

Je suis reconnaissante que mon corps m'ait permis de :

....

....

....

....

Comment j'ai pris soin de mon corps ce mois-ci :

....

....

....

....

Mes victoires du mois vis-à-vis de mon corps :

....

....

....

....

Ce que je pourrais améliorer pour le mois prochain :

....

....

....

Vos pensées envers votre corps...

Mois en cours : ....

Affirmations positives du mois, à se répéter le plus souvent possible :

....

....

....

....

Mes objectifs du mois, mon engagement envers moi-même :

Ces moments où je me suis sentie libérée :

....

....

....

....

Les rencontres inspirantes et positives du mois :

....

....

....

....

Tracker de nouvelles habitudes

Actions « bien-être »	Semaine 1	Semaine 2	Semaine 3	Semaine 4
....				
....				
....				
....				
....				
....				
....				
....				
....				
....				
....				
....				
....				
....				
....				
....				
....				
....				

Bilan du mois : ....

Évolution du niveau de bien-être*

Ma relation avec mon corps	♡ ♡ ♡ ♡ ♡
Ma relation avec mon entourage	♡ ♡ ♡ ♡ ♡
Ma relation avec mon alimentation	♡ ♡ ♡ ♡ ♡
Ma relation avec les diktats de la société	♡ ♡ ♡ ♡ ♡

** Coloriez le nombre de cœurs correspondant à votre niveau de bien-être*

Je suis reconnaissante que mon corps m'ait permis de :

....

....

....

....

Comment j'ai pris soin de mon corps ce mois-ci :

....

....

....

....

Mes victoires du mois vis-à-vis de mon corps :

....

....

....

....

Ce que je pourrais améliorer pour le mois prochain :

....

....

....

Vos pensées envers votre corps...

Mois en cours : ....

Affirmations positives du mois, à se répéter le plus souvent possible :

....

....

....

....

Mes objectifs du mois, mon engagement envers moi-même :

Ces moments où je me suis sentie libérée :

....

....

....

....

Les rencontres inspirantes et positives du mois :

....

....

....

....

Tracker de nouvelles habitudes

Actions « bien-être »	Semaine 1	Semaine 2	Semaine 3	Semaine 4
....				
....				
....				
....				
....				
....				
....				
....				
....				
....				
....				
....				
....				
....				
....				
....				
....				
....				

Bilan du mois : ....

Évolution du niveau de bien-être*

Ma relation avec mon corps	♡ ♡ ♡ ♡ ♡
Ma relation avec mon entourage	♡ ♡ ♡ ♡ ♡
Ma relation avec mon alimentation	♡ ♡ ♡ ♡ ♡
Ma relation avec les diktats de la société	♡ ♡ ♡ ♡ ♡

** Coloriez le nombre de cœurs correspondant à votre niveau de bien-être*

Je suis reconnaissante que mon corps m'ait permis de :

....

....

....

....

Comment j'ai pris soin de mon corps ce mois-ci :

....

....

....

....

Mes victoires du mois vis-à-vis de mon corps :

....

....

....

....

Ce que je pourrais améliorer pour le mois prochain :

....

....

....

Vos pensées envers votre corps...

Mois en cours : ....

Affirmations positives du mois, à se répéter le plus souvent possible :

....

....

....

....

Mes objectifs du mois, mon engagement envers moi-même :

Ces moments où je me suis sentie libérée :

....

....

....

....

Les rencontres inspirantes et positives du mois :

....

....

....

....

Tracker de nouvelles habitudes

Actions « bien-être »	Semaine 1	Semaine 2	Semaine 3	Semaine 4
....				
....				
....				
....				
....				
....				
....				
....				
....				
....				
....				
....				
....				
....				
....				
....				
....				
....				

Bilan du mois : ....

Évolution du niveau de bien-être*

Ma relation avec mon corps	♡ ♡ ♡ ♡ ♡
Ma relation avec mon entourage	♡ ♡ ♡ ♡ ♡
Ma relation avec mon alimentation	♡ ♡ ♡ ♡ ♡
Ma relation avec les diktats de la société	♡ ♡ ♡ ♡ ♡

** Coloriez le nombre de cœurs correspondant à votre niveau de bien-être*

Je suis reconnaissante que mon corps m'ait permis de :

....

....

....

....

Comment j'ai pris soin de mon corps ce mois-ci :

....

....

....

....

Mes victoires du mois vis-à-vis de mon corps :

....

....

....

....

Ce que je pourrais améliorer pour le mois prochain :

....

....

....

Vos pensées envers votre corps...

Références et inspirations

Cessez de manger vos émotions
d'Isabelle HUOT et Catherine SÉNÉCAL

Accepter son corps et s'aimer
de François NEF et Emmanuelle HAYWARD

Le Corps désirable – Hommes et femmes face à leur poids
de Thibaut DE SAINT POL

Stop au contrôle
de Lise BOURBEAU

Magazine Psychologie
Hors série

Écoute ton corps
de Lise BOURBEAU

Self acceptance
du Dr Harry BARRY

Belle autrement
de Sophie CHEVAL

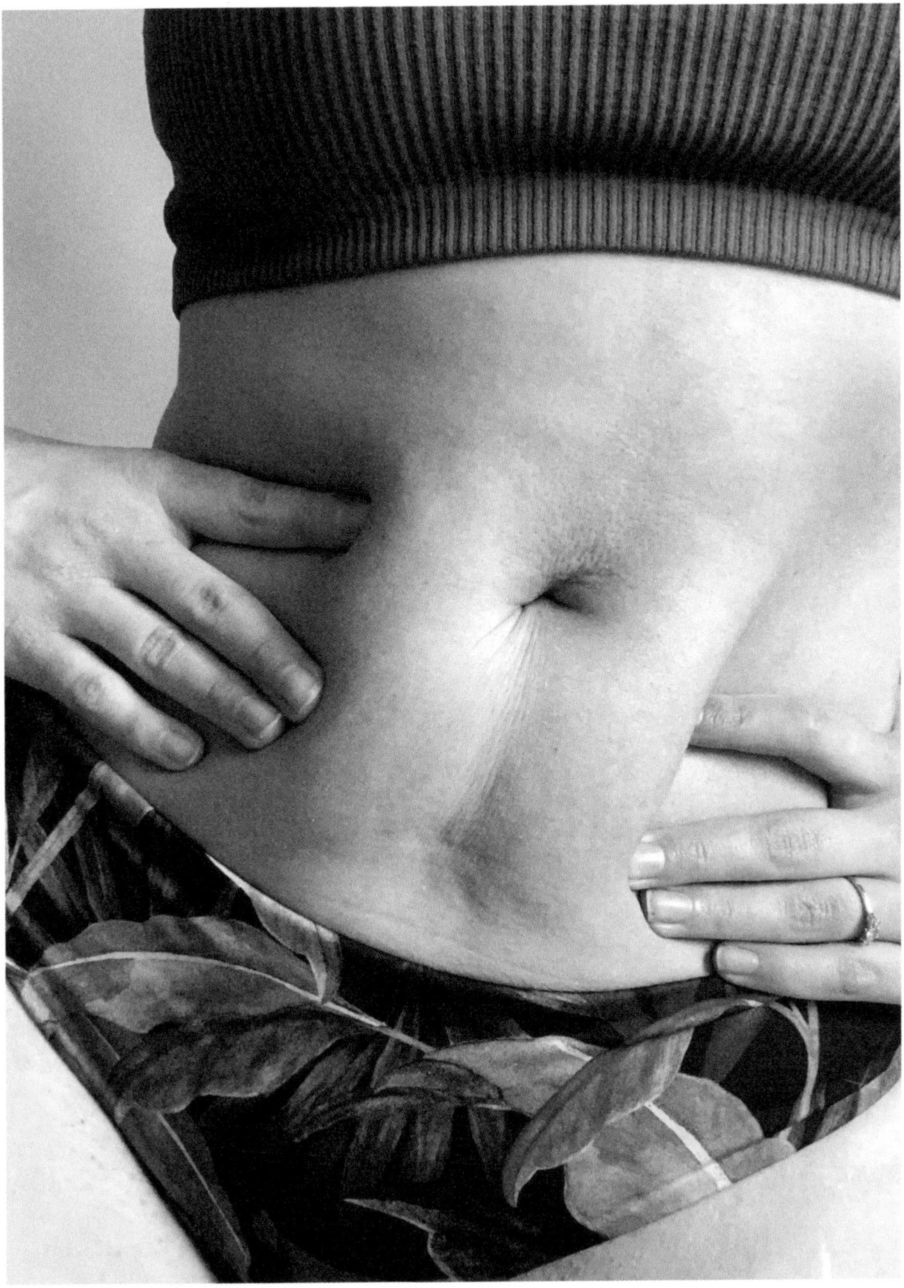

Pour aller plus loin

BODY LOVE ♥

À travers le programme BODYLOVE, je vous délivre toutes les clés de la méthode Bonjourmoncorps. Un chemin vers la réconciliation de votre corps en utilisant cet outil qu'est l'acceptation radicale, l'acceptation de son corps, l'acceptation de soi.

Mon rôle à travers ces vidéos sera de vous guider, de vous accompagner, mais aussi de vous construire une « feuille de route » vers ce chemin vers la réconciliation. Car, parfois, on peut se sentir perdue et seule face à ses complexes, face à son mal-être. Le but étant de vous sentir enfin entourée, comprise, écoutée et guidée. Pour que vous n'ayez plus à vous juger, à ne pas vous sentir légitime de ne pas aimer votre corps ou de ne pas vous aimer. Mais plutôt pour que vous puissiez vous construire un rapport au corps plus serein, plus sain et plus apaisé.

En évoluant au sein des différents modules en ligne, vous pourrez apprendre sur vous-même, grandir, évoluer et développer une relation plus saine, et plus sereine avec votre corps et plus largement avec vous-même.

L'objectif de ce programme en ligne ? Apprendre à vous réconcilier avec votre corps, à mettre en pratique l'acceptation, à comprendre la manière dont vous fonctionnez et dont vous pensez votre rapport au corps. Mais c'est surtout d'apprendre à vous connaître réellement, car c'est le chemin qui vous permettra de vous aimer sincèrement, telle que vous êtes.

Et, parce que parfois les réponses que nous cherchons se trouvent chez les autres, vous aurez accès à une communauté privée.

Découvrez-le sur notre site Internet
www.bonjourmoncorps.com

N'hésitez pas à m'écrire ♥

Instagram : @bonjourmoncorps

Podcast : Bonjourmoncorps

LE PODCAST QUI VA VOUS RÉCONCILIER AVEC VOTRE CORPS !
BONJOUR MON CORPS.